나는 삶을 ＿＿
강의합니다

나는 삶을 ___ 강의합니다

삶에 지친
이들에게 전하는
내 인생 최고의 보람

최형숙 지음

이담
Books

들어가는 글

우리가 살아가는 데 누구에게나 똑같이 주어지는 것이 있다. 돈 많은 사람도, 가난한 사람도, 잘난 사람도, 못난 사람도 누구에게든 시간은 공평하다. 하루 24시간, 하루 86,400초를 누구나 똑같이 선물 받는다. 시간을 누구는 선물이라 하고, 누구는 원수처럼 빨리 끝낼 수 있는 무기였음 좋겠다고 생각하는 사람도 있을 것이다. 나는 아마도 후자였던 것 같다.

5남매의 막내이고 부모님의 늦둥이였던 나는 어렸을 적 무엇이든 겁도 없이 씩씩한 아이였다. 친구들의 문제를 해결해주는 해결사(?)이기도 하고 공부를 열심히 하는 선생님이 예뻐하는 모범생이기도 했다.

그런 내가 결혼을 하고 새로운 환경에서 새롭게 시작하는 속에서 나는 매일 사점을 찍는 아주 힘든 생활의 연속이었다. 결혼하고 나서 힘들었던 그 시간 속에 나는 매일 매일을 아침에 눈 뜨지 않기를 소망한 적도 있었다. 너무 힘들어 죽는 게 낫다는 말이 그냥 습관적으로 나올 만큼의 시간을 보내면서 말처럼 나도 그렇게 피폐해져 갔다. 사람이 진짜로 죽을 만큼 힘드니까, 반대로 살고 싶어지는 양가감정이 생겼다. 살고 싶다는 마음이 죽고 싶다는 의지를 이기니 그때부터는 살 방법을 찾게 되었다.

결혼하고 나니 나, 최형숙이라는 사람이 없었다. 하루하루가 치열한 전쟁 같은 삶 속에서 나는 죽지 않기 위해, 아이들과 길거리에 나 앉지 않기 위해 열심히 살아야 했다. 그런 생활들이 꽤 오래 이어지는 것은 나를 사지로 몰아넣는 형국이 되었다. 우선 나를 찾아가는 시간을 갖는 게 최우선이었다. 상담을 전공하는 친구의 소개를 받아 상담을 받기 시작했다. 상담 교수님은 상담이 아닌 코칭을 시작했다.

　　나 자신을 들여다보는 시간이었다. 나 혼자만 죽도록 고생한다고 생각하고 살던 나에게 교수님은 같이 사는 아이들이나 남편은 나보다 훨씬 많이 힘든데 참고 있는 것이라는 생각은 왜 안 하느냐고 하면서 나를 혼내기도 했다. 처음 알았다. 나만 힘이 들었던 게 아니구나…… 이래서 전문가가 필요하구나. 내 남편도 아이들도 너무 힘들게 나한테 맞추고 있었구나 하는 생각이 들었다. 아마 객관적으로 상담 교수님의 코칭이 없었다면 나는 지금도 매일 사점을 찍고 있으리라. 나를 들여다보는 시간을 가지니 내가 너무 열심히 살지만, 방법이 잘못되었다는 것을 알았다.

　　이런 시간이 지나고 나는 나, 최형숙을 찾아가는 여행을 시작했다. 잠을 줄여가며 집에서 하는 사업에 영향을 주지 않고 밤낮으로 교수님이 추천해준 상담공부를 시작했고, 상담을 잘 하려니 토론 및 스피치도 시작하고, 이왕이면 웃음이 있으면 더 부드러운 상담가가 될 것 같아 웃음 치료도 배우고. 이렇게 연계해서 하나씩 필요한 것을 서울로, 천안으로, 부산으로 전국 어디든 나한테 필요한 것이 있다면 열심히 배우러 다녔다. 그 결과 10여 년의 노력 끝에 난 이제 제2의 인생인 강사가 되었다.

어르신들과 만나는 인지 재활 강의도, 학생들과 만나는 생명 존중 강의도, 웃음 치료 강의도, 사회를 보는 MC도, 회사에 펀 리더십 강의도, 그리고 단체나 직장인들에게 지금 시대에 꼭 필요한 웰다잉 강의도 열심히 하는 천직을 찾았다. 사람들은 말한다. 어찌 그리 정말 딱 맞는 천직을 찾았느냐고. 제2의 인생이 정말 즐겁고 행복해 보여서 보는 사람이 너무 에너지를 받는다고.

나는 여러분들에게 권하고 싶다. 100세 시대. 지금이 내 인생의 끝이 아니라 시작이며, 출발점이 되기를 바란다. 아무도 대신해 줄 수 없는 나만의 선택이기에 어렵다고 생각될 수도 있지만, 어떤 마음가짐이냐에 따라 여러분은 다시 새로운 인생을 살 수 있다.

시간은 수직이기 때문에 '오늘 할 일을 하지 않으면 내일은 없다.'라는 마음으로 시작한다면 여러분이 살고자 하는 삶의 텃밭에 긍정의 씨앗을, 사랑에 씨앗을, 가치 있는 씨앗을 심을 수 있을 것이다. 삶에 힘들어하는 모든 분들이 이 책을 읽고 조금이나마 작은 도움이 되었으면 하는 마음으로 글을 쓴다.

차례

제1장

그리운 어머니

어머니를 생각하면 나는 양가감정이 든다. 언제나 차가운 표정으로, 절대 웃지 않을 것 같은 표정으로 야단을 맞을 땐 '나는 다리 밑에서 주어온 것이 아닐까?'라는 생각도 참 많이 했었다. 그런 어머니가 나이가 드시고 돌아가실 즈음엔 내가 너희에게 무섭게 한 건 남한테 욕먹지 않게 하기 위함이었다고, 정말 미안했다고 사과를 하실 적엔 가슴에 돌덩이 하나가 내려앉는 것 같았다. 우리 엄마도 여자고, 너무도 가슴 따뜻한 사람이었는데……. 이제야 엄마의 나이를 지나가며 더욱더 엄마를 가슴에 차곡차곡 쌓아가는 것이다.

상처

우리 엄마는 항상 철두철미한 성격이셨다. 무슨 물건이든 제자리에 있어야 하고, 무슨 일이든 당신 손이 가지 않으면 안 되는, 엄마 아니면 이 세상 무슨 일도 안 된다고 생각하시는 분이셨다. 엄마 당신이 부모 손에 크지 못해서 혹시나 재가해 가신 외할머니나 돌아가신 외할아버지, 부모 욕 먹일까 봐 숨소리 하나도 조심하는 분이셨다. 어쩌면 남들이 말하는 여장부인지도 모른다. 하지만 체구는 150cm에 체중 32kg 나가는 아주 작고 가녀린 분이 우리 엄마시다.

초등학교 막 입학했을 즈음에 우리 집에서 키우던 닭은 알을 마루 밑에 낳았다. 나는 무서워서 마루 밑에 못 들어가고 막내 오빠가 마루 밑 달걀을 주어 나오는 담당이었다. 그런데 막내 오빠가 엄마가 모를 것이라고 생각하고 3개나 깨서 날달걀을 먹어 치우고 한 개만 가지고 나왔다. 엄마는 달걀이 몇 개 있었는지 물었고 막내 오빠는 천연덕스러운 얼굴로 한 개밖에 없었다고 거짓말을 하였다.

엄마는 다시 한번 몇 개였냐고 물었고 오빠는 분명 한 개라서 한 개를 가져왔다고 우겼다. 엄마는 내가 분명 4개인 것을 보고 너에게 가져오라고 한 것인데, 한 개밖에 없다고 하느냐면서 무지막지한 회초리를 가져오더니 오빠의 엉덩이를 내리치셨다.

오빠는 몇 대 맞다가 진짜 한 개였다고 우기고 갑자기 도망을 갔다. 엄마는 회초리 들고 오빠를 쫓아가고 오빠는 정말 한 개였다고 우기면서 끝까지 온 동네를 빙빙 돌며 도망을 갔다. 체구가 작아서 힘에 부치셨던 엄마는 집으로 돌아와 저녁을 일찍 해 먹고 방문을 잠그셨다.

우리 집은 대문이 없는 집이었는데, 도망 다니던 막내 오빠가 밤이 되니 배가 고파 마루 위로 올라와 방문을 여니 안에서 잠겨버린 것이다. 엄마는 우리에게 숨도 쉬지 말고 조용히 있으라고 검지를 입에 가져다 대고 신호를 보내셨다. 막내 오빠는 정말 깜깜한 밤에 방안도 깜깜하고 문을 두드려도 조용하고 하니 꽤 무서웠을 것이리라.

엄마는 조용조용 우리와 아버지한테 말씀하신다.

"요즘 밤이 되면 뒷산에 호랑이가 남자애들만 잡아간다고 하던데 당신 그런 얘기 들었어요?"

"글쎄, 어제 영철이네 강아지를 물어갔다네."

"어구 큰일 났네. 이러다 호랑이가 정말로 우리 희열이도 잡아가겠네."

그 말을 하자마자 마루 방문 앞에 있던 막내 오빠는 울며불며

"엄마 내가 잘못했어. 사실은 마루 밑에 달걀 4개였는데 내가 3개 먹었어, 엄마 정말 잘못했어요~ 나 호랑이한테 물려가 죽게 생겼으니 문 좀 열어줘, 나 죽기 싫단 말이에요. 엉~엉~엉~"

　　　　　　　　　　　나는 삶을 강의합니다

엄마는 방문을 열어 막내 오빠를 안아주시며 차라리 네가 먹었다고 했으면 엄마한테 맞지 않았을 텐데 왜 거짓말을 하느냐고 하셨다.

내가 4개 있는 것을 보고 너한테 꺼내오라고 한 것인데, 최소한 잘못을 했어도 솔직히 말하면 누구든 용서를 받지만, 거짓말을 하면 용서받을 기회조차 없어진다고 말씀하셨다. 나중에는 오빠도 "엄마 내가 잘못했어요, 앞으로는 절대 거짓말 안 할 겨." 라고 잘못을 빌었다.

그렇게 무서운 얼굴로 오빠를 때릴 땐 너무 무서워서 옆에서 보고 있던 나는 오줌을 지리고 말았다. 그런 것들이 나에겐 무조건적인 상처가 아니라 단편의 상처가 되었다. 그 이후로 우리 집 식구들은 무슨 일이든 크든 작든 절대 거짓말을 하지 않는 버릇이 생겼다.

그것은 거짓말은 거짓말을 낳고, 또 다른 거짓말을 낳는 눈덩이가 되는, 엄마 말씀대로 용서받을 기회조차 없어지는 거지만, 솔직히 말한다면 용서를 빌 수도, 용서할 수도, 해 줄 수도 있기 때문이다. 그래서 옛말에 말 한마디에 천 냥 빚을 갚기도 하고 빚지기도 한다는 이야기가 있지 않은가?

중3. 열여섯 살, 지금부터 40여 년 전 시골의 남녀공학 중학교에 다녔던 나는 엄마가 교복 치마 속에 체육복 반바지를 사시사철 입혀서 학교를 보내는 말괄량이였다. 그래도 나름대로 공부도 잘하고 의리도 있어 인기도 있는 그런 아이. 그해 여름 CA(특별활동) 시간에 웅변 반이었던 나는 연제동 선생님 반으로 갔다.

그날따라 연제동 선생님은 우리에게 자습하라고 하시고 우리는 뭔가 분위기가 음침한 가운데 자습을 했다. 옆에 1학년 후배가 수학 문제를 물어봐서 아무렇지도 않게 조용조용 가르쳐주고, 다시 자습에 집중하는데 선생님이 갑자기 고개 숙이고 공부하고 있는 내 옆으로 오시더니, 큰 손바닥으로 내 목 뒷덜미를 수도 없이 내리치셨다.

순간 웅변 반 아이들은 처음 세 대까지는 킥킥 웃다가, 네 대째부터는 웅성웅성하기 시작하더니 열 대 정도 가니 그때부터는 숨소리도 들리지 않았다. 쉰네 살이 된 지금까지도 난 그렇게 많이 맞아본 적이 없다. 정말 무식하게 내리치셨다. 1, 2, 3학년 모두 있는 곳에서 왜 맞는지 이유도 모르고 맞고 있던 나는 숨도 쉬어지지 않을 정도로 아픈 것도 참고 있다가 갑자기 벌떡 일어나 책가방을 싸서 집으로 와 버렸다.

하교 시간도 아닌데 가방까지 싸 들고 집에 온 나를 본 엄마는 무슨 일이냐고 내게 물으셨고 난 억울하게 맞은 이야기를 하였다. 엄마는 근엄한 얼굴로 나한테 빨리 학교로 가서 선생님께 빌라는 것이었다. 그 어린 나이에 난 엄마의 그 차가운 얼굴이 상처가 되었다.

지금은 어림도 없는 이야기지만 착했던 나는 다시 책가방을 들고 학교로 돌아가서 교무실 연제동 선생님께 찾아갔다. 인사를 꾸벅하고

"선생님. 저는 잘못한 게 없는데 우리 엄마가 선생님께 빌라고 해서 어쩔 수 없이 다시 학교 왔지만, 저는 지금 생각해도 잘못한 건 없는 것 같습니다." 하고 꾸벅 인사를 하고 교실로 와 책

나는 삶을 강의합니다

상에 엎드렸다.

학교도 다니기 싫고 1, 2, 3학년 다 있는 곳에서 맞았으니 낼 아침이면 학교에 소문이 쫙~ 날 것이다. 내가 연제동 선생님께 뒤지게 맞았다고. 자존심도 상하고 창피하기도 하고 정말 때린 선생님보다 다시 학교로 보낸 엄마가 더 미웠다.

나를 정말 다리 밑에서 주워 오지 않고는 엄마가 이럴 리가 없다고 수도 없이 책상에 엎드려 생각했다. 종례시간이 다가올수록 기분은 더욱 안 좋았다. 집에 가면 엄마는 분명 선생님께 사과했느냐고 물어볼 테니까. 싫다는 말을 수도 없이 속으로 외치고 있을 때, 그때 연제동 선생님이 30원짜리 쭈쭈바를 사 가지고 우리 반 교실로 오셨다.

그리곤 "형숙아 아까는 미안했다. 네가 잘못한 것도 아닌데 내가 오늘 기분 안 좋은 일이 있어 너에게 화풀이를 했다. 정말 미안하다."라고 우리 반 아이들 앞에서 사과하셨다. 그리고 분홍색 30원짜리 쭈쭈바를 나누어주시며,

"너희들, 이거 형숙이 덕분에 먹는 거야."라고 말씀하셨다. 그나마 내 체면이 선 것 같아 기분은 나아졌지만, 집에 가면 엄마 얼굴을 봐야 하는데 보기 싫었다. 내가 생각하는 우리 엄마는 분명히 사과했는지 또 물어보실 게 뻔하기 때문이다.

난 집으로 가는 대신 오일장에서 장사하시는 아버지를 찾아갔다. 그리곤 하소연을 했다. 학교에서 선생님께 이유도 모르고 맞은 것도 억울해 죽겠는데 엄마는 나보고 무조건 가서 잘못했다고 빌라고 하신다고, 아무래도 난 다리 밑에서 주워온 것 같다는 말과 함께.

아버지는 "속상했지? 그려, 엄마 다리 밑에서 주워온 거 맞아."라고 하시며 풀빵과 번데기로 내 맘을 달래 주신다. 우리 아버지는 학교 문턱에도 못 가본 산골 출신이시지만 지금 생각하면 누구보다도 감성지수가 높은 분이셨다. 항상 무서운 엄마를 피신할 자리를 만들어 주신 분이다.

그 이후 나는 시내 여학교로 고등학교를 진학했고, 연제동 선생님은 배고프면 연락하라며 삐삐도 핸드폰도 없던 시절인데도 꼭 집 전화로 선생님이 전근 가시는 학교마다 알려주셨다. 그렇게 시간이 흘러서 엄마가 폐암 말기 판정과 삼 개월이라는 시한부 진단을 받고 한 달 반 만에 돌아가신 우리 엄마, 돌아가시기 일주일 전 난 엄마에게 가슴에 묻어두었던, 상처가 됐던 중3 때 연제동 선생님 이야기를 물었다.

엄마는 그때 왜 내가 잘못도 안 했는데 그 선생님께 일부러 학교까지 다시 돌아가서 빌라고 했느냐고. 엄마가 생각하는 중3 때 나의 모습은 어떠했느냐고 여쭤봤더니 엄마는 "그래야 말할 기회가 생기고, 풀 수 있는 빌미가 생기기 때문에 가라고 했지."라고 말씀하셨다. 몇십 년을 가슴에 품고 있던 상처가 엄마의 한마디 말로 정리가 되었다.

역시 어른은 괜히 어른이 아니다. 그 속을 우리가 어떻게 알 수 있을까? 미안함과 감사함을 같이 느꼈다. 맞다. 엄마의 말씀대로 우리는 한번 잘못 꼬인 인연을 꼬아 놓기만 하면 풀 수 없지만, 한번 풀 기회를 얻어서 풀기만 하면 그 어떤 인연보다도 끈끈하고 오래가는 것 같다.

나는 삶을 강의합니다

지금 연제동 선생님은 호호백발 할아버지에 당뇨, 심장질환, 고혈압 등 건강이 매우 안 좋으시지만, 아직도 남편과 내가 하는 카센터에 오셔서 엔진오일을 교환하신다. 선생님이 아프시지 말고 오래오래 건강하게 잘 사셨으면 좋겠다. 또한, 선생님과 오해를 풀도록 이끌어준 우리 엄마께도 무한한 감사를 드린다.

02
사랑이 그리운,
사랑받는 여자

내가 어려서 엄마에게 들은 이야기로는 우리 엄마가 어렸을 때 아버지가 실종되었다고 하셨다. 엄마의 엄마, 즉 외할머니는 친척들이 재산을 외할머니가 가질까 봐 미리 문중 회의를 하셔서 외할머니를 멀리 재혼시키기로 하시고 외할머니를 들볶기 시작했다고 한다. 남편도 실종되고 없는데 분명 딸자식 하나 데리고 저 많은 재산을 가지고 도망갈 거라고, 칼을 가지고 죽이겠다는 말도 안 되는 협박을 수도 없이 당하셨다고 했다.

엄마를 생각해서 버티고 버티던 외할머니는 결국 친척들의 등쌀에 못 이겨 재혼하시고, 그 많은 재산은 친척들이 서로 나누어 가졌다고 한다. 엄마의 작은집 식구들은 그 당시에 자식들을 특히 딸들까지 모두 대학 공부를 시킬 정도로 부유한 생활을 하셨다고 한다.

엄마가 살아 계실 적에는 작은집 이모와 외삼촌이 산소에 오시면 우리 집에 엄마한테 꼭 찾아오셨다. 선물과 얼마간의 돈을 들고서……. 엄마는 그리 반기지는 않았다. 그래도 나는 엄마의 사촌 동생들인 이모와 외삼촌이 오는 날에는 사 온 선물로 철없이 설레었던 기억이 아련하다.

나는 삶을 강의합니다

서울 잠실 살던 이모는 마당에 있는 펌프 물에 손을 씻으며 "언니 이 물은 시골 물이라 더 시원한가? 너무 좋아."라고 알랑 방귀를 뀌곤 했다. 그러면 외삼촌은 "너 좀 작작해라, 속 보인 다."라고 하셨고, 나는 그게 무슨 말인지 나중에 비 오는 날 마루 에 앉아 마당에 떨어지는 빗방울을 보며 엄마의 독백 속에서 알 수 있었다.

'우리 아버지 재산 가지고 잘 먹고 잘살면 더 잘해야지 맨날 주둥이로만 때우는 것들. 나한테 엄마도 재가시켜서 뺏어놓고 자 기들은 엄마 그늘에서 사는 것들이 양심도 없이. 일 년에 한 번 오는 것도 낯간지러운 짓들을 하는 거야.'라며 빗방울 개수만 멍 하니 세시던 엄마가 생각이 난다.

그래서 방학이 되면 나는 재가해 가신 청주 외할머니댁으로 놀러 갔다. 우리 외할머니는 엄마랑 정말 똑같이 생기셨다. 작은 체구에 목소리가 카랑카랑한, 아주 단아한 분이셨다. 여름밤이면 동네 사람들을 마당 멍석에 다 모아놓으시고 전축 판을 걸어놓 고 음악도 틀어주시고, 책을 읽어 주시기도 하는 아주 엘리트 여 성이셨다.

재가해 가서서 낳은 외삼촌과 말없이 묵묵히 외할머니의 수발 을 들던 우리 외숙모 덕분에 나는 외갓집을 가도 항상 당당했다. 외할머니는 습관처럼 외삼촌에게 "너는 누이에게 잘해야 한다. 이렇게 사는 것도 다 네 누이 덕분이니 무슨 일이 있어도 누이 잊으면 안 된다."라고 당신이 개가해서 외삼촌을 낳았고, 전 결 혼에서 우리 엄마가 있었음을 숨기지 않고 항상 말씀하셨다고 한다. 그래서 난 외갓집을 가면 외할머니 다음의 순위가 되곤 했다. 외삼촌도 방학 때 내가 가면 항상 외할머니와의 겸상을 나에게 양보하시고 외삼촌 가족끼리 드시곤 했다.

외갓집 가면 외사촌이 5명 있었는데 특히 경애 언니는 나에게 정말 친언니처럼 잘해주었다. 하지만 둘째 외사촌 오빠는 외숙모를 힘들게 한다며 나를 얼마나 미워했는지 모른다. 지금 생각하면 둘째 상인이 오빠의 마음을 왜 모르겠는가? 자기 엄마를 그렇게 힘들게 하는 고종사촌 동생이 왜 밉지 않겠는가? 하지만 어렸을 적 나는 그 생각조차 할 수 없는 아이였다.

그때 처음 샴푸라는 것이 나왔는데, 시골에서 빨랫비누로 머리를 감던 나는 샴푸가 너무 신기해 세숫대야에 물을 담고 그 안에 샴푸를 엄청 풀어서 머리를 감곤 했다. 그렇게 해도 아무도 뭐라고 말도 안 하고 쳐다보고 있는데 둘째 상인이 오빠는 나한테 샴푸가 얼마나 비싼데 그렇게 흥청망청 쓰느냐고 화를 내는 것이었다. 나는 화가 나서 엄마한테 간다고 울고 있는데 외숙모가 오시더니 미안하다고 하면서 장에 다녀올 동안 가지 말고 있으라고 하셨다.

외숙모는 쌀을 머리에 이고 조치원장에 가서서 자주색 운동복 한 벌을 사 오셨다. 우리 외숙모는 그런 분이시다. 옛날 분이시지만 욕도 잘하고 일도 잘하시고

정말 예민하고 까다로운(지금 생각하면) 우리 외할머니를 정말 정성으로 모신 사람이다.

배운 게 없어도 마음만은 태평양 같았던 우리 외숙모. 내가 외숙모라면 나는 시누 딸이 온다고 하면 외숙모처럼 못할 것 같다.

자장면이 먹고 싶다는 나를 위해 바가지에 자장면을 만들어 주던 외숙모. 지금은 돌아가셨지만 내 가슴속에 우리 외숙모는 어떤 박사보다도 어떤 잘난 사람보다도 더 대단한 사람으로 기억된다.

이런 외할머니에 이어 우리 엄마도 여학교를 졸업한 엘리트 여성이시다. 이런 엄마와 산골에서 학교 문턱에도 못 가본 서당 출신의 아버지가 만나 결혼하셨다. 친척들은 엄마를 빨리 결혼시켜야 했으니 가난한 집 산골의 장사치인 아버지에게 선을 보고 결혼을 시키셨단다. 엄마는 아버지의 웃음이 좋아서 결혼했고 아버지는 엄마가 무조건 귀엽고 똑똑함에 반해 결혼하셨단다.

처음 결혼하니 살집이 없어 큰아버지 집 문간방에서 신혼 방을 차리셨다고 하신다. 그런데 우리 제일 큰아버지는 참으로 괴팍하기 짝이 없는 분이셨다. 내 기억에도 상투를 트시고 항상 담배 곰방대를 물고 앉아 꼰대 짓을 하셨다. 어른이라고 무조건 무데뽀인 큰아버지를 이기는 사람은 아무도 없었다.

시어머니와 아주버니 내외와 조카들 사이에서 신혼생활을 시작했던 엄마는 큰 옷핀을 하나 구해서 아버지와 약속을 하셨다고 한다. 화난 사람이 옷핀을 꽂고 있으면 옷핀 꽂지 않은 사람이 무조건 100% 다 맞추어 주기. 이 현명한 방법 덕분에 큰아버지 집 문간방에서 나름대로 평화롭게 사셨다고 한다. 54년을 같이 사신 엄마와 아버지는 돌아가시는 날까지 옷핀을 사포로 문질러 녹슬지 않게 벽지에 꽂아놓으시고 평생을 옷핀 약속을 지키신 분들이시다.

내가 여고 다닐 때 엄마가 옷핀을 꽂고 마루를 왔다 갔다 하고 있었는데(화났다는 표시라고 하셨다) 아버지가 술을 거나하게 먹고 들어오셔서 엄마의 옷핀을 보시곤 갑자기 무릎을 꿇고 "미안하오, 오늘이 우리 결혼기념일인데 내가 잊어버리고 술을 먹고 왔네, 자장면을 못 먹어서 어쩌지. 내가 빨리 가서 카스텔라와 환타는 사 오리다."라고 비틀거리며 다시 나가셨다.

아버지는 환타 3병. 카스텔라 2개를 양손에 사 오셔서는 환타 한 병과 카스텔라 하나는 따로 엄마 앞에 놓으시며, "너희들 이건 엄마 거니까 만지면 안돼. 오늘 아버지가 장사가 안돼서 돈이 없어서 조금밖에 못 샀으니까 너희들 나누어 먹고 엄마 것은 만지지 마."라고 하시며 부엌에 가셨다.

접시에 카스텔라를 담고, 병뚜껑으로 환타를 따서 엄마 앞 컵에 얌전히 놓았다. 그리곤 엄마에게 "너무 고마운 안계준 씨. 잘 살아 보자고요."라고 혀 꼬부라진 소리로 말씀하시고는 쓰러져 주무셨다.

코 고는 소리가 시끄러워 오빠랑 내방으로 환타와 카스텔라를 가지고 오는데 뒤돌아보니 우리 엄마는 아버지가 좋은지 우리가 쳐다보는지도 모른 채 아버지를 보고 빙그레 웃고 있었다. 지금 생각하면 우리 아버지는 참으로 세련되셨던 분이시다.

우리 엄마가 부모님의 사랑을 못 받고 커서 항상 사랑을 그리워한다는 걸 아버지는 아셨던 것 같다. 그래서 엄마를 아내이기 전에 여자로 더 사랑하고 사셨는지도 모른다. 부모님들은 매년 눈올 때쯤(나도 사실은 부모님의 결혼기념일은 정확히 모른다) 항상두 분이 손잡고 나가셔서 자장면 드시고, 엄마가 젤 좋아하시는 환타와 카스텔라를 사 오셔서 우리와 먹었던 기억이 선명하다.

집에서 밥상조차도 오빠들이 있을 때 엄마가 들면 아버지는 화를 내셨다. 당신이 손수 들지만, 아버지가 없을 때는 오빠들보고 들라고 하셨다. 또한, 한겨울에도 폐가 좋지 않은 우리 엄마 위험하다고 마당에 나와 담배를 피우시던 아버지다. 무슨 일이든 엄마가 1순위였던 분. '너희는 나중에 시집장가가면 끝이지만, 너희 엄마 없으면 난 냄새나는 홀아비여. 난 그래서 네 엄마가 제일'이라고 우리 앞에서 공공연히 외치던 아버지시다.

우리 엄마 역시 '너희 아버지 없으면 나는 과부여. 너네는 있어도 없어도 내 자식이지만 너희 아버지는 아니야. 그래서 너희 아버지가 최고여.'라고 더 당당히 외치던 우리 엄마.

우리 아버지는 어찌 보면 목청 크고 당당해 보이는 엄마가 너무 여리고 안쓰러워 더 사랑스러웠지 않았을까 싶다. 내 기억 속 엄마는 부모님의 사랑을 못 받고 커서 그러신지 냉정함 속에도 언제나 사랑을 그리워하는 여자였다. 가끔 아버지께 살포시 보이는 미소에도, 목젖이 보이도록 크게 웃는 웃음에도……

1999년 아버지가 돌아가셨다. 아버지는 진폐증이 있으셨는데, 걸어서 입원하신 지 3일 만에 돌아가셨다. 그 이후 엄마는 가끔 김밥 싸서 소풍을 가자고 하셨다, 아버지 산소로. 그렇게 엄마는 아버지 돌아가시고 1년 보름여 만에 진짜로 아버지 옆으로 영원히 소풍을 떠나셨다. 항상 사랑을 그리워한, 그래서 항상 사랑받던 우리 엄마. 지금은 저 천국에서 같이 꼭 붙어서 알콩달콩 있을 엄마, 아버지. 고맙습니다. 사랑합니다. 보고 싶습니다.

우리 엄마도 흔들리는 갈대처럼 연약한 여자였음에도, 기대고 싶은 여자였음에도 엄마라는 이름 때문에 강해 보이려 노력했을 뿐 아버지에게는 한없이 사랑스럽고 한없이 애잔해 보였으리라.

엄마, 아버지 천국에서 더욱더 행복하세요!!

척, 척하는 엄마

언제나 센 척, 안 아픈 척, 강한 척…… 이렇게 척, 척하는 사람이 우리 엄마다. 엄마는 무슨 일이 있어도 잘 울지 않으시고 표정이 없어지신다. 초등학교 1학년 즈음에 아버지는 교통사고를 당하셔서 도립병원에 입원하셨다. 나는 밤이 돼서 갑자기 아버지가 보고 싶다고 떼를 쓰기 시작했고 시골에 살던 우리는 충주로 나가는 마지막 버스를 타고 아버지가 입원해 있는 도립병원에 도착했다.

병원 입구에 목발 짚은 사람들이 나와서 담배를 피우며 두런두런 이야기하고 있는데, 왠지 무서워 피하면서 엄마 손을 꼭 잡고 아버지 입원실로 갔다. 그런데 그렇게 보고 싶던 아버지를 만나자마자 나는 무서워서 대성통곡을 하고 말았다.

얼굴은 붕대로 다 씌워져 있고, 다리는 다쳐서 깁스한 상태로 시체 같아서 옆으로 가지도 못하고 있는데 아버지는 자꾸만 나한테 옆으로 오라고 하신다. 예전 입원실은 온돌방으로 되어있었다. 차도 없어서 집에도 못 돌아가는데, 아버지는 무섭고, 나는 진퇴양난의 순간에 대성통곡으로 내 마음을 표현했다. 엄마는 아무렇지도 않은 척 아버지를 부축하셨다. 내 눈에 부들부들 떨리는 엄마의 손이 보였다. 울다가 잠든 나는 일어나 보니 아버지 옆에 누워있는데 엄마가 없었다. 난 또 엄마가 없다고 울기 시작했다. 그러자 아버지는 엄마 문밖으로 나갔으니 나가보라고 하셨다.

문을 열고 나가자 병원 마당의 큰 느티나무 옆에서 엄마는 느티나무를 끌어안고 소리도 없이 마냥 울고 계셨다. 내가 엄마 눈물을 본 건 그때가 처음이자 마지막일지도 모른다. 정말 소리도 없이 그렇게 서럽게 울 수 있다는 걸 어린 내 눈에도 내 마음에도 내 가슴에도 절절했다. 엄마 옆으로 갈 수가 없어 멀리 떨어져 지켜만 보고 있었다.

엄마는 한참을 눈이 퉁퉁 붓도록 우시더니, 내가 있는 곳으로 뒤돌아 오셨다. 아마 엄마도 어딘가에 아버지가 저렇게 교통사고 나서 무서운 것을 풀고 싶으셨던 것이리라. 왜 엄마라고 무섭지 않겠는가? 다섯 명의 자식들을 앞에 놓고 어찌 됐든 가장이 많이 다쳤으니, 더군다나 엄마에게 아버지는 남편 이상의 가족이었으니 말이다. 엄마는 남편을 아버지로 엄마로 남편으로 평생을 의지하신 분이다.

아버지는 엄마를 딸처럼, 아내처럼, 애인처럼 그렇게 사랑하고 존경하며 살았다. 그런 아버지가 병원에서 온몸을 붕대로 둥둥 감고 있으니 왜 무섭고 불안하지 않겠는가? 그래도 우리 앞에서는 무섭지 않은 척, 겁나지 않은 척 의연하게 아버지가 아프니 너희들 일을 너희가 좀 알아서 해달라고 부탁하신다.

난 지금도 엄마가 도립병원 마당 느티나무를 끌어안고 어깨 떨어가며 서럽게 울던 생각이 또렷하다. 아버지 병실로 돌아와 아버지는 멀쩡한 곳이라곤 손밖에 없는데 그 손을 한 손은 엄마를 한 손은 나를 붙잡고 쥐었다 폈다 하신다. 나는 아버지의 손을 자장가 삼아 잠이 들었다, 깨니 아침이 되어있었다.

버스를 타고 집으로 돌아오니 둘째 오빠와 막내 오빠가 큰집 조카인 성회랑 동네 오빠들을 데려다가 깡통(우리 집은 씨앗장사를 해서 조그만 빈 깡통이 많았다)에 쥐불놀이한다고 콩이랑 짚이랑 석유에 불붙여 밤새 얼마나 돌리고 놀았는지 마당 전체에 지푸라기랑 그을음이 잔뜩 묻은 깡통이랑 엄마가 밥에 넣어 먹으려고 산 검은 콩들이 나뒹굴고 있었다. 엄마는 기가 막혀 말이 안 나오는지 가만히 한참 동안 그 광경을 쳐다만 보고 있었다.

동네 오빠들이랑 사촌 조카들은 슬금슬금 집으로 도망가고 막내 오빠는 열심히 "나는 깡통 쥐불놀이 안 하려고 했는데 형이 자꾸 하자고 형들이랑 다 데리고 왔어."라고 그 와중에 일러바친다. 둘째 오빠는 매번 이름 대장인 막내 오빠가 못마땅해 억울함으로 울어보지만, 엄마는 둘 다 시끄럽다며 얼른 치우라고 소리 지르신다.

그리곤 부엌으로 들어가 부뚜막에 걸터앉아 심호흡하신다. 조금 있다가 아무렇지도 않게 다 치웠는지 확인하더니, 둘째 오빠와 막내 오빠를 불러 방에 있는 밥상을 책상 삼아 앞에 앉으라고 하고 반성문을 쓰라고 종이와 연필을 주고 나가신다.

나는 클 때 이 반성문 쓰는 시간이 젤 싫었다. 차라리 한 대 맞고 끝나는 게 편하지. 하지만 엄마는 우리가 학교에 가서 글씨를 배워서 어느 정도 글을 쓸 줄 알게 된 후부터는 때리기보다는 반성문을 쓰게 하셨다. 이 반성문이 이후 나중에 결혼할 때 발목을 잡을 줄은 아무도 몰랐으니까.

어찌 됐든 오빠들은 티격태격하며 반성문을 쓰고 엄마는 다시 한번 마당을 쓸고 깡통을 제자리 광에 갖다 놓으시고 정리를 마무리하신다. 이렇게 무서워도 무섭지 않은 척, 오빠들의 만행에 속이 뒤집혀도 아무렇지 않은 척 사셨던 엄마.

내가 결혼을 하고 이듬해 정월 열아홉 날. 이날이 그렇게 엄마가 식음을 전폐하고 결혼식에도 오기 싫어하셨던, 결혼을 반대했던 막내 사위 생일이다. 즉 내 남편의 생일이다. 결혼생활 내내 엄마가 돌아가시기 전까지 엄마는 막내 사위 생일은 꼭 챙기셨다. 어떤 때는 와이셔츠와 소고기를 사 오셔서 미역국을 끓여주시기도 하고, 또 어떤 때는 돈을 10만 원 주시기도 하시고(1993년의 10만 원은 꽤 큰돈이었다). 또 어떤 때는 메이커 티셔츠를 사주시기도 하셨다.

엄마는 와이셔츠 선물을 사고, 솥단지를 사고, 쇠고기를 사고, 미역을 사서, 그 많은 짐을 들고 이고 주덕에서 충주까지 버스를 타고, 충주에서 다시 갈아타고 목행까지 버스를 타고 오셔서 사택에 살던 우리 집 꼭대기까지 걸어오셨다.

무거운 솥단지 속에 잔뜩 넣어 가지고 오셔서 미역을 불리고 불고기를 하고 막내 사위 생일상을 차리실 준비를 한다. 미역을 담그고 불고기 거리를 양념에 재우고 잡채 거리를 썰고 볶고 열심이시다. 뒤에서 엄마를 꼭 끌어안으며 "엄마. 엄마는 전서방 그렇게 반대했는데 갑자기 웬 생일상을 차리신다고 난리예요? 엄마 전서방 싫어하잖아?"라고 물었다.

엄마는 "그래도 미우나 고우나 내 새끼랑 같이 사는데 해줘야지, 미운 놈 떡 하나 더 준다고, 괜히 엄마가 반대했다고 너한테 골 부리고 시집살이시키면 어쩌니? 네 성질에 받아주고 살 성질도 아니고." 하면서 요리하기에 바쁘시다. 난 엄마가 '그래 딸 생각하셔서 열심인가 보다.'라고만 생각했다.

저녁에 남편이 퇴근했고, 엄마는 내일이 생일이니 오늘은 미역국을 뺀 저녁을 먹으시게나 하시면서 저녁을 챙겨주신다. 무엇이든 반찬 투정 없이 잘 먹는 남편은 "잘 먹겠습니다."라는 인사를 하고 밥 두 공기를 맛있게 먹어치운다.

엄마는 부엌에서 혼자 중얼거리신다. '사람이 별거 있나. 예쁘게 보면 예쁘게 보이는 것을. 지금 이 마음으로 끝까지 잘 살 거라.' 그 말이 엄마 혼자의 독백이었지만 내 귀에는 천둥보다 더 크게 들렸다. 엄마는 주무시고 새벽 일찍 출근하는 막내 사위를 위해 꼭두새벽부터 미역국 등 여러 가지 음식과 전날 사 오신 케이크까지 촛불을 켜고 출근하기 전 생일 파티를 해주셨다.

남편은 이런 생일잔치는 처음 받아본다며 서먹해 하면서도 좋은지 씩 웃는다. 살갑게 엄마한테 고맙다는 인사도 못 하는 말 없는 막내 사위를 보고 엄마도 그냥 씩 웃는 것으로 인사를 대신하신다. 남편이 출근하고 엄마는 나랑 둘이 아침을 먹으며 말씀하신다. 사람은 변하지 않는다. 다만 습관을 고쳐야 하는데 그걸 네가 옆에서 잘 다독이며 좋은 습관을 들도록 노력해야 할 거라고. 그리곤 '내가 너를 대학을 가르쳤으면 좀 더 나은 조건의 남자한테 시집을 보냈을 텐데.'라는 한탄을 엄마도 모르게 내뱉으신다.

그리곤 아차 싶은지 빙그레 웃음으로 무마하신다. 그렇게 아침을 먹고 엄마는 집에 가신다며 배부른 나를 마중도 못 나오게 하시고 빠른 걸음으로 사택을 걸어 내려가셨다. 충주 가서 갈아타고 주덕까지 가려면 한참일 텐데 걱정이 앞섰지만, 임신 중인 나는 힘들기도 해서 그냥 뒤로 물러서 엄마만 보내드렸다.

엄마가 돌아가시고 나는 마음이 뒤숭숭했다. 분명 엄마 성격에 좋아서 남편의 생일상을 챙긴 것이 아닐 것이라는 걸 나는 아니까. 그래도 엄마 딴에는 그렇게 반대했던 막내 사위에게 화해의 손길을 내미신 건 아닐까 하는 생각이 든다. 엄마가 싫어도 딸 생각해서 싫지 않은 척 그렇게 엄마는 또 나를 챙기셨다.

오후쯤에 엄마께 잘 가셨느냐고 전화를 드렸더니 엄마가 "나, 집에 오면서 창피해서 간신히 왔는데 집에 와보니 바지가 다 찢어지고 무릎이 심하게 다쳐서 병원에 가서 꿰매고 왔다. 너희 집에서 나와서 충주 와서 주덕 가는 버스 갈아타려고 뛰어가다가 넘어졌는데, 창피해서 벌떡 일어났어. 그리곤 간신히 버스를 탔는데 그때 보니까 무릎에서 피가 너무 많이 나서 주덕 내리자마자 병원에 갔더니 소독하고 바로 꿰맸어."라고 말씀하셨다.
엄마는 버스 안에서 그 피를 보면서 얼마나 무섭고 힘들었을까? 난 걱정도 되고 마음이 너무 아팠다. 아무렇지도 않게 담담히 있었던 일을 설명하는 엄마의 저 너머 가슴에 피눈물이 흐르는 걸 내가 왜 모르겠는가? 우리 엄마는 특히 피를 참 무서워하셨다.
우리가 넘어져 멍이 들면 계란으로 문질러 주시며 별거 아니라고 하시지만, 종이에 손이라도 베어서 피가 조금이라도 나면 엄마는 얼굴이 새파래지시면서 놀라신다. 엄마 말로는 서울에서 학교 다닐 때 누가 사고로 피 흘리며 죽는 걸 옆에서 본 뒤로 피만 보면 머릿속이 하얗게 변하고 아무런 행동도 할 수 없다고 하셨다.
아마도 피에 대한 충격적인 장면이 엄마에겐 너무 크게 각인되었던 것 같다. 그럼에도 자식 걱정할까 봐 아무렇지도 않은 척, 남의 이야기하듯이 담담히 이야기하는 엄마는 아마도 엄마이기에 가능하리라 생각된다.

04

기록의 신

우리 엄마가 돌아가셨을 때 우리 손에 있는 것은 가계부 54권이다. 우리 집 역사의 기록인 것이다. 내가 어렸을 때 여성 잡지 12월호에는 다음연도 가계부가 부록으로 달려 나왔다. 엄마가 제일 좋아하는 선물은 여성 잡지에 달린 쓰기 편하게 목록이 되어있는 가계부였다. 그래서 나랑 막내 오빠는 돈을 모아서 엄마에게 거의 매년 가계부를 고등학교 때까지 선물해 드렸던 기억이 난다.

엄마는 저녁이면 가계부를 펼쳐놓고 하루를 마감하시는 일을 일일 행사로 하신다. 밥상에다가 가계부를 펼쳐놓고 콩나물값 얼마, 돼지고깃값 얼마, 아버지 양말 얼마, 내 교복값 얼마, 기타 등등 종목도 참 여러 가지로 무수히 많다. 엄마의 가계부 적는 방법은 미처 생각이 나지 않으면, ?표만 해놓고 넘어가신다. 그리곤 낮에 생각이 나면 달력에 우선 표시를 해두시고 저녁에 정리하신다.

나는 그래서 다른 모든 집이 가계부를 쓴다고 생각했다. 하지만 중학교 때 친구들에게 엄마 가계부 쓰는 이야기를 했더니 아무도 자기네 집에서는 안 쓴단다. '아~ 우리 엄마가 쓰는 거구나.'라고 처음 알았다. 어찌 보면 사람 좋기로 소문난 우리 아버지랑 살려니 가계부는 필수였으리라는 생각도 나이가 드니 이해가 갔다.

우리 아버지는 우리 동네, 면 소재지 사람 중에서 우리 아버지 술 안 얻어먹은 사람은 간첩이라고 할 만큼 평이 좋으시다. 만나는 사람마다 술 사줘야 하고 밥 사 줘야 하고 같이 놀아줘야 하고. 어떨 때는 장사는 뒷전이고 일단 다른 사람들의 사정 헤아리다 날 새는 일도 허다했다.

이런 아버지랑 살면서 다섯 명의 아이들을 키우려니 엄마의 가계부는 필수일지도 모른다. 저녁에 엄마가 가계부를 적고 있으면 아버지의 장난기가 종종 발동하신다.

"낮에 안동집(술집) 김 마담이 자장면 먹고 싶다고 해서 내가 다섯 그릇 시켜줬어, 참 맛나게 먹데."라는 아버지의 말이 끝남과 동시에 엄마는 "아니 자장면 다섯 그릇이면 애들하고 맛있는 고기도 먹을 수 있는데 왜 쓸데없는 데 돈을 쓰고 그래요, 내가 속 터진다니까." 하며 콧김을 뿡뿡 내뿜고 계신다.

그러면 아버지는 그런 엄마가 귀여우신지 옆에서 빙글빙글 웃으시며 "아니 사달라고 하는데 어찌 안 사 줘? 아무나 맛나게 먹으면 좋은 거지."라고 한마디 더 덧붙이신다. 엄마는 "미친년들을 왜 사 줘요? 집에 애들도 있구면, 정신이 있는 거유, 없는 거유?"라고 쏘아붙이신다.

아버지는 "사주긴 뭘 사줘? 애들 육성회비 줘야지, 내가 오늘 장사한 돈, 다 임자 갖다 주었지."라고 하면 엄마는 "왜 쓸데없는 소리를 해서 사람 속을 뒤집어 놔요? 신경질 나게." 하고 홱 돌아앉으신다. 아버지는 엄마의 질투 어린 그 말들이 듣기 좋아서 일부러 그러시는 것 같은데, 그렇게 이성적인 엄마는 아버지 일에 대해서는 질투의 화신이 된다. 열심히 사셨지만, 가족보다는 타인이 먼저인 아버지의 가치관에 다섯 명의 자식을 키우기엔 역부족이었던 우리 엄마는 가계부 등을 기록하면서 합리적인 생활을 할 수 있으셨던 것 같다.

2000년 3월의 어느 날. 엄마가 "자꾸 기침이 나오는데 병원에 갈까?"라는 말에 큰 언니랑 나는 엄마를 모시고 엄마가 평소에 다니시던 음성 성모 병원을 갔다. 의사는 엄마 등에 청진기를 대고 들어보더니 엑스레이를 찍자고 하였다. 그러더니 CT도 같이 찍어보자고 하신다. 사진을 찍고 대기실에 있는데 엄마는 나에게 "혹시라도 안 좋은, 예를 들어 암이거나 하면 꼭 나한테 얘기해야 한다. 나을 병이면 내가 어떻게든 해보겠지만 아니면 너희도 고생, 나도 고생이니까 섣부른 짓은 안 하련다. 대신에 나도 정리할 시간이 필요하지 않겠니?"라고 말씀하신다. 역시 우리 엄마 성격을 그대로 나타내는 단면이다.

의사는 진찰실로 들어오라고 하더니, "할머니 폐에 혹이 있는데 좋은 혹인지 나쁜 혹인지는 큰 병원으로 가서 더 검사해보셔야 알 것 같아요. 그러니 소견서를 써 줄 테니 큰 병원으로 한번 가보세요."라고 한다. 엄마는 의사에게 "혹이 있다는 것 자체가 나쁜 것이지 좋은 혹 나쁜 혹이 어디 있겠어요."라고 하신다.

엄마를 내보내고 나와 큰 언니에게 의사는 "할머니가 폐암 말기인데 너무 안 좋아요. 길어야 3개월일 것 같아요. 지금 저렇게 다니시면서 생활하시는 것도 기적이라 할 만큼 대단하신 거예요.

폐 상부 기도 근처라 수술하기도 쉽지 않고 항암치료를 하셔야 하는데 할머니 체력이 항암치료를 견디실지 모르겠어요. 일단 소견서 써 드리겠습니다."라고 하셨다.

우리는 엄마를 모시고 일단 집으로 돌아왔다. 그때 엄마 체중이 32kg 나가실 때다. 워낙 고기를 싫어하시고 밥과 김치 등 풀만 조금씩 소식하는 분이라 더욱더 체중이 안 나갔다. 엄마는 집에 오시니 안 좋은 의사 말에 누워버리신다.

우리는 아버지 돌아가신 지 채 일 년도 되지 않아 엄마가 폐암이라는 청천벽력 같은 소식에 오빠들과 언니들은 멍해졌다. 큰오빠는 이러고 있을 때가 아니라고 언니랑 같이 서울에 내과 원장을 하는 사촌오빠에게 연락하여 음성병원에서 찍은 엑스레이랑 CT를 가지고 갔다. 사촌오빠는 가지고 간 CT 등을 보더니 "너무 많이 다 전이가 되고 더 이상 손 쓸 수가 없을 정도인데, 기껏해봐야 방사선 등 항암치료인데 작은 엄마 체력이 안 될 것 같다."라는 부정적인 이야기만 듣고 돌아왔다.

우리는 다 우왕좌왕하고 있는데, 어느 날 엄마는 나랑 둘이 있는 틈을 타서 물어보신다. "내가 몇 개월 남았다니?" "삼 개월." 아무렇지도 않은 척 담담히 말했지만, 나도 모르게 내 목소리도 떨리고 있었다.

엄마는 내가 삼 개월이라는 말을 끝내자 미장원에 가서서 평생 아버지가 좋아한다는 이유 하나로 고수하던 비녀를 꽂는 쪽 찐 머리를 상고머리로 짧게 자르고 오시고(병간호할 때 머리 길면 병간호하는 사람이 힘들고 머리에서 냄새나서 지저분하다고), 통장에 있는 돈을 장손인 조카에게 "너 장가갈 때 집 얻는 데 조금이라도 보태주고 싶었는데 할머니가 생각보다 일찍 가야 할 것 같아서 조금이지만 너에게 준다."라면서 일부 주셨다.

자식들 다섯 명 앉혀놓고 너희가 불만이 없으면 장손에게 현금을 주고 싶다고 말씀하셔서 우리는 당연히 엄마가 번 돈 엄마 마음대로 쓰는 것이지, 우리에게 그런 말 안 해도 된다고 했다.

동네 경로당에 일부 주시고 동네에 혼자 사는 친구들 조금씩 나눠주시고, 장례식 때 쓸 돈 조금 남겨 놓으시고, 장례식 때 음식은 육개장, 인절미, 홍어 무침, 꽈리고추, 무침 등 다 일일이 기록해 놓으신 분이다. 당신 돌아가셔서 자손들이 우왕좌왕 정신없을 때를 대비해 음식, 음료수, 병원비 등 모든 걸 천천히 기록해 놓으셨다. 큰언니는 엄마가 무섭다고 했다. 어찌 죽음을 앞에 두고 저리 냉정할 수 있느냐고.

그리고 엄마는 투병을 시작하셨다. 아프면서도 엄마는 목소리가 안 나오면 필담으로 이야기를 나누며 기록을 하시는 습관을 버리지 못하셨다. 한편으로는 그동안 엄마가 기록해 놓았던 일기장 다 소각하시고, 장사 하시면서 적어놓았던 것들도 다 태우시고, 참 깔끔하게도 정리하신다. 집도 교회에 기증하시며 누가 와서 살더라도 내 자식 5남매 위해서 기도해주는 조건으로 주시고 가셨다. 그렇게 폐암이라는 진단을 받고 한 달 보름 만에 돌아가셨다.

45일 동안 한 달여 집에서 간호사 출신의 큰언니가 간호하였다. 몰핀성 진통제를 맞고 산소 호흡기를 꽂고 집에서 계시다가 돌아가시기 열흘 정도 남겨놓있을 때 병원에 입원하셨다. 일나나 아프면 큰언니랑 있으면 "난 아픈 곳이 하나도 없다. 단지

기운이 없어."라고 말씀하시다가 큰언니가 잠깐 나가면 나를 붙잡고 "얼른 의사 선생님에게 가서 빨리 죽는 주사 좀 놔달라고 부탁 좀 해줘."라고 말씀하셨다. 며느리인 큰언니가 어렵긴 하셨나 보다.

객사하기 싫다는 엄마의 말씀에 따라 집으로 모셨다. 큰 산소통이 방안에 자리 잡고 엄마의 코에는 산소 호흡기 노즐이 매달려 있었다. 엄마는 집에 오니 참 좋다며 그래도 환하게 웃으신다. 그리곤 틈날 때마다 말씀하신다.

"너희들이 내 자식이어서 너무 고마웠다. 내가 너희들 덕에 살면서 어깨에 힘주고 살았어. 어디 가든 기죽지 않고 너희들 살아가는 모습에 자랑스러웠어. 고맙다. 내 자식이어서." 폐암 진단받고 돌아가시는 날까지 제일 많이 말로, 필담으로 하신 이야기다.

그렇게 엄마는 큰언니와 막내 오빠가 임종을 지키는 가운데 폐암 진단을 받고, 아버지 기일이 지난 보름 만에 하늘나라 아버지 곁으로 가셨다.

장례식장에서 엄마 친구분들은 먼저 간 우리 아버지를 귀가 아프도록 욕하셨다. "이놈의 영감탱이, 그곳이 아무리 좋아도 그렇지, 개똥밭에 굴러도 이승이 낫다는데 기어코 저승사자 불러 마누라를 옆으로 데려가야 속 편한가? 못된 늙은이" 살아서도 안 드시던 욕을 엄마 돌아가시고 우리 아버지는 더 많이 욕을 드셨다.

그렇게 엄마가 적어놓은 장례식장 음식이며, 지출 예정이었던 것들로 다 엄마의 장례식을 치르고 집으로 돌아왔을 때 엄마가 기록한 것 중 유일하게 태우지 않은 가계부 54권.

아무도 보지 말고 큰며느리만 보고 태우라는 엄마의 유언에 따라 그 가계부는 큰언니의 손으로 넘겨졌다. 어쩌면 엄마가 현명하게 자식들을 키울 수 있었던 것도, 기록의 능력 때문이라는 생각이 든다. 물어볼 친정엄마가 계신 것도 아니고, 주위에 어른이 있어서 물어보면서 배울 수 있는 롤 모델이 없어서 엄마는 더더욱 실수를 줄이는 인생을 살기 위해서 적는 게 버릇이 되었는지도 모른다는 생각이 든다.

05
살아보니
알겠더라

내 나이 쉰넷, 엄마가 쉰넷일 때 나는 중3이었다. 그때의 엄마는 참 아주 무섭고 가까이 가기엔 너무 어려운 사람이었다.

중3 시골 남녀공학 다니면서 얼마나 개구쟁이고 말괄량이인지 동네 친구들을 다 이끌고 다니는 골목 대장 노릇을 하는 아이가 나였다. 아버지를 닮아 사람 좋아하니 아이들이 어려워하면 정의감에 불타 뭐든지 다 해결해주려 노력하니 다른 아이들이 나를 싫어할 리가 없지 않은가? 엄마는 그런 내가 못마땅한 게 아니라 사고를 칠까 봐 항상 노심초사했던 것 같다.

중3 여름. 내 친구 경은이는 짝사랑하는 남학생이 생겼다. 매일 그 남학생에게 편지를 썼고 매일 답장을 기다렸다. 그 남학생의 이름은 김수철이었다. 경은이는 우리에게 매일 껌을 사주며 씹기를 권유했다. 경은이가 필요한 것은 껌이 아니라 종이학과 학 알을 접을 수 있는 껌 종이가 필요했던 거였다. 시도 때도 없이 내미는, 종이가 예쁜 껌으로만 우리는 사육을 당하듯 경은이가 주는 껌을 매일 씹어야 했다.

경은이의 짝사랑에 대한 호기심과 이루어졌으면 하는 마음으

　　　　　　　　　　　　　나는 삶을 강의합니다

로, 종이학과 학 알을 고이고이 접어 매일 매일 수철이에게 보냈다. 어쩜 그리 껌 종이 하나에 사연을 적고 그 종이로 종이학을 접고 학 알을 접는 것이었다.

그렇게 열심히 학과 학 알을 보냈던 경은이는 답장이 안 온다며 그 큰 눈에 눈물이 그렁그렁하며 울었다. 세상에 슬픈 얼굴 중 제일 슬픈 얼굴은 아마도 첫사랑의 쓴 눈물이 아닐까 할 정도로 경은이의 눈물은 처절했다.

난 경은이의 손을 붙잡고 그 수철이네 집을 찾아갔다. 그리곤 대문을 두드리니 수철이 아버지가 나오셨다. "안녕하세요? 저 형숙인데요. 수철이 집에 있어요?"라고 하니 수철이 아버지는 "수철아! 친구 왔다, 얼른 나와 봐라." 하신다.

멋도 모르고 나왔던 수철이는 경은이와 나를 보더니 도망가고 싶은 얼굴로 어정쩡하게 서 있다. 나는 "아저씨, 수철이랑 애기 좀 하고 와도 되죠?" "그럼" 그 길로 우리는 수철이네 집 뒤 놀이터에 갔다. 수철이는 "왜?"라고 했고 나는 경은이에게 할 말 있으면 하라고 하니 경은이는 말도 못 하고 갑자기 울기 시작했다.

내가 "왜 내 친구가 편지를 보내면 좋으면 좋다, 싫으면 싫다고 답장을 해야지, 왜 안 하느냐"고 하니 "하기 싫어서 안 했다. 꼭 답장해야 한다는 법이라도 있어?"라는 대답이 돌아옴과 동시에 나는 신고 있던 슬리퍼로 수철이의 따귀를 때렸다. 키가 내 머리 한 개는 더 있는 수철이에게 순간적으로 나의 손이 올라간 것이다.

수철이는 순간 정지화면처럼 멍하니 서 있고 친구는 옆에서 말리고, 순간 수철이는 울먹이면서 쪽팔린다는 말과 함께 집으로 들어갔다. 경은이는 나에게 네가 뭔데 수철이를 때리느냐고 적반

하장 짜증을 부리길래 "네가 바보같이 이러니까 저 새끼가 너 우습게 알고 답장을 안 보내는 거야, 너 나한테 이렇게 해달라고 맨날 징징거리고 투덜댄 거 아니었어?"라고 말하고 집으로 돌아오면서 생각하니 참 나도 오지랖이 태평양이라는 생각이 들었다.

내 일도 아닌 친구 연애사에 내가 뭐라고 끼어서 주책바가지를 부리는지. 매사가 이런 식이었다. 지금도 경은이와 수철이는 동창회에도 나오지 않는다. 나 때문이란다. 사과하고 싶어도 만날 수가 없다.

경은이는 일찍 시집가서 지금은 사위까지 본 여유로운 중년부인이 되었고, 수철이는 서울 어디에선가 사업을 하면서 잘살고 있다고 한다. 그러고 보니 둘이 다 서울 사는데 살다가 한 번쯤 마주칠 수도 있지 않을까? 암튼 이런 나를 우리 엄마는 물가에 내놓은 망아지 같아 항상 불안하고 조마조마했을 것이다.

그러니 항상 남에게 폐 끼치지 말고 방해가 되어서도 안 되고 남에게 손가락질받는 짓을 해서는 더더욱 안 된다고 입에 침이 마르도록 가르치셨던 거였다. 내가 살아보니 엄마가 왜 이렇게 무섭게 해야 했는가를 알겠더라. 그것이 자식을 사랑하는 방법이었음을. 그것이 내 자식을 지키는 방법이었음을……

1993년 나는 울릉도를 가려고 회사 후배인 영미랑 배표까지 모두 끊어놓았다. 엄마한테 말하니 제발 선 한 번만 보고 가라는 것이었다. 옷도 한 벌 사주고 울릉도도 보내준다는 꼬임에 나는 알았다고 하고 선보기로 했다.

스물여덟 때까지 나는 제대로 된 연애 한 번 안 해보고 그저 친구가 좋고 전영록이 좋고 전영록을 짝사랑만 무진장 하는 문학 로맨스 소녀였다. 그런 내가 스물여덟이 되었고 부모님은 늦둥이인 내가 결혼 생각도 없이 있으니 몸이 다셨던 듯하다. 뒷집 아주머니께 얘기해서 아줌마 회사에 다니는 동료 동생인 지금의 남편이랑 선을 보기로 했다.

선을 봐서 맘에 들면 점심을 먹고 맘에 안 들면 그냥 차만 마시고 나오는 거로 엄마랑 약속하고 충주 시내 국민은행 뒤 레스토랑으로 갔다. 입구에 머리도 짧고 어깨도 넓은 조폭 스타일의 남자가 나와 엄마와 나를 맞이하는 게 아닌가? 나는 헉하는 기분으로 안내받은 자리로 가니 뒷집아줌마(중매쟁이)와 시누, 시어머니가 있었다.

나는 어리둥절한 가운데 갑자기 엄마가 점심 먹고 오라고 하더니 우리 얼른 차 한 잔 마시고 나가자고 서두르는 것이었다. 엄마 마음엔 그때 당시 남편이 마음에 들었던 것이었다. 엉겁결에 둘이 남은 우리는 멋쩍게 점심을 먹고 호암지로 택시를 타고 갔다.

충주에서 학교를 나온 나는 그렇지 않아도 아는 사람이 많으니 되도록 사람 없는 외진 호수인 호암지로 간 것인데 그날따라 여고 동창이 약혼하고 호암지로 피로연을 왔던 차로 오랜만에 여고 동창들을 모조리 만나는 형국이 되었다.

그날 저녁 집 전화로 친구들이 난리가 났다. "형숙아, 너 조폭 남자 만난다며? 어쩌다 그렇게 된 거야? 납치당한 거야?" 별의별 소리가 다 들렸다. 사람 없는 곳으로 피신했다가 독박 쓴 꼴이 된 기분이었다.

1993년 6월 25일 선을 보고, 난 27일 울릉도 배에 몸을 실었다. 3박 4일 일정으로 들어간 배는 태풍이 오는 바람에 열흘만인 7월 5일 돌아왔다. 매일 민박집에서 태풍이오니 돌아다닐 수는 없고 민박집 아줌마가 구워주는 오징어 빈대떡 먹으며 민박하는 사람들끼리 고스톱 치면서 놀곤 했다. 고스톱을 못 치는 나는 옆에서 고리 잡는 사람으로 참견해야 했다. 그렇게 열흘 만에 집에 오니 약혼날짜가 잡혔다는 것이다. 나도 없는 사이에 중간에 공중전화로 통화 중 엄마가 약혼날짜 잡을까 하시길래 맘대로 하라고 한 얘기가 진짜인 줄은 몰랐다.

그렇게 5일 날 집에 온 날부터 나는 패물을 맞추러 다니고 한복을 맞추고 이리저리 바쁘게 다녔다. '그래, 어차피 할 거면 엄마가 괜찮다고 하는 사람이랑 해도 괜찮지. 이제껏 내가 엄마 말 들어서 손해난 적은 없었잖아.'라는 생각이 초반에는 컸다. 남편이 하루가 멀다고 부지런히 드나들면서 정이 들고 하니 '아, 사람들이 이런 감정에서 사랑하는구나!'라는 생각이 들었다.

그렇게 6월 25일 선을 보고 7월 31일 약혼식을 했다. 일 년 중에서 가장 더운 날 땀 삐질삐질 흘리며 한복 입고 뷔페 빌려서 약혼식을 하고 충주댐으로 남편 친구들이 신부 기죽여야 한다는 쓸데없는 폼 잡으러 갔다가 고속정 탔을 때 소리 지르고 노는 것은 나 혼자였다.

남편과 친구들은 멀미로 인해 구토하기 일보 직전까지 가는 진풍경이 벌어졌다. 언니 딸인 영주는 "이모는 왜 제일 더운 오늘 약혼하는 거야?"라고 물었고 나는 사랑해서라는 말로 대답을 해줬다.

그렇게 우리는 6월 25일 선을 보고 제일 더운 7월 말일 약혼식을 했다, 남편이 사택을 얻으려면 미리 혼인신고를 해야 한다고 해서 8월 21일 혼인신고를 미리 해야만 했다. 그 뒤 남편이 딱 한 번 우리 집에서 자고 갔는데 아들을 임신했다. 어른들은 결혼 날도 받아놓고 청첩장도 박을 건데 나이 든 사람들이 임신이면 어쩌냐고 괜찮다고 위로해 주는데 난 괜히 엄마에게 너무 미안한 마음이 들었다.

그러던 어느 날 시어머니 되시는 사람이 엄마와 나, 남편 넷이 만나자고 연락이 왔다. 엄마는 "아무래도 안사돈이 너희 결혼 얼마 남지 않았으니 혼사 의논하려고 하나 보다."라고 말씀하시며 시내 다방에 들어섰다.

그 자리에 남편과 시어머니가 먼저 와 있었고 엄마와 내가 들어가 앉았다. 앉자마자 시어머니는 "지금 우리 큰아들이 병원에 입원해 있다(그때 당시 아주버님이 오토바이사고로 다리 수술하고 병원에 입원해 계신 상태였다). 그런데 내가 얘네 결혼시킬 마음이 없다. 지금 큰아들은 병원에 있는데 작은아들 결혼시키는 게 말이 안 된다"고 하니 우리 엄마는

"그럼 이 결혼 없던 거로 합시다."

"그럼 배 속의 애는 어떻게 할 건데요? 어차피 혼인신고도 했는데 애 낳고 살다가 나중에 결혼하면 되지 꼭 지금 안 해도 되는데 왜 하느냐"고 하니

"배 속의 애는 낳아도 되고 안 낳아도 됩니다. 이 결혼 없던 거로 하고 혼인 무효 소송할 겁니다. 난 내 딸 내가 잘 챙길 터이니 당신 아들 잘 챙기셔요, 지금이 조선 시대도 아니고 어디서 아들 가진 유세를 떨고 있습니까?"라고 하니 시어머니는 담배를 입에 물고 엉엉 울면서 밖으로 뛰어나가는 것이었다.

엄마보다 무려 열 살도 더 어린 안사돈에게 그런 이야기를 들

고 우리 엄마는 냉정한 얼굴로 바뀌었다. 난 엄마의 그 얼굴이 무엇을 뜻하는지 알기 때문에 긴장했다.

엄마는 옆에 있는 남편한테 "전서방, 나는 이 결혼 안 시킬 것이네. 자네 엄마가 나한테 와서 무릎 꿇고 싹싹 빌어도 안 되네, 어디 배 속 사람 목숨을 가지고 장사를 하려고 드나? 이걸로 끝일세."라고 하고 내 손을 잡고 택시를 잡아타고 집까지 오셨다.

그 이후 남편은 매일 엄마에게 잘못했다고 빌러 왔고 엄마는 미동도 하지 않았다. 그때가 10월 초. 배 속 아이는 3개월째. 결혼식은 10월 31일. 청첩장까지 다 돌린 상태에서 엄마는 죽어도 결혼은 안 된다고 식음을 전폐하셨고, 남편은 하루가 멀다고 매일 찾아오고.

아버지는 우리 형제들을 다 불러 모아놓고 가족회의를 했다. 지금 상황이 이런데 너희들 생각은 어떠냐? 오빠들은 엄마 마음도 이해하지만, 형숙이가 스물여덟이면 아기도 아닌데 형숙이 결정을 따르는 게 맞지 않겠느냐고.

난 차마 배 속의 내 아이를 지우지는 못할 것 같았다. 그렇다고 혼자 키울 자신도 없었다. 그래서 나는 엄마의 마음을 알면서도 결혼하겠다고 식구들 모두 있는 곳에서 얘기했다. 엄마는 안 된다고, 너 그 집 가면 화병에 죽을 거라고, 제발 아가 안 된다고. 내가 널 제일 잘 아는데 그 집 가면 너 화병 나서 죽을 거니까 제발 가지 말라고 하셨다.

콩깍지가 씌었는지 나는 잘할 자신도 있고 잘할 수 있을 것 같으니까 시집가겠다고 우리 엄마 눈에 피눈물을 빼고 결혼했다. 우리 엄마는 결혼식장에도 시작하기 직전에 오셨다가 가족사진도 아버지 때문에 억지로 찍고 국수(점심)도 안 드시고 바로 택시 타고 집으로 가서 앓아누우신 분이다.

이렇게 나는 그렇게 엄마의 가슴에 대못을 치고 결혼했다.

그런데 살아보니 알겠더라. 왜 엄마가 그렇게 반대했는지⋯⋯

왜 엄마가 그 집 가면 화병 나서 죽을 거라고 식음을 전폐했는지⋯⋯.

나의 결혼생활이 엄마 눈에는 다 보였기 때문이었을 것이다.

엄마는 그런 존재이다. 자기 배 아파 낳은 자식을 누구보다도 먼저 알아보고 힘들어할까 봐 미리 노심초사하는 마음일 것이다. 이제 내 딸이 크니 엄마의 마음이 이해가 간다. 내 딸이 아마도 나처럼 그런 결혼을 한다고 하면 나도 너무 뻔히 보이는 힘든 결혼생활을 반대했을 것이다. 왜 그러지 않겠는가? 아무것도 존재하지 않는 것에서 손톱 발톱 머리카락서부터 하나하나 내 살 내 뼈 닳아 만든 내 새끼니 말이다.

지금 엄마가 살아 계신다면 엄마 마음을 이제야 알겠노라고, 잘못했다고 용서를 빌고 싶다.

06
그리운 어머니

내가 살아가는 동안에 어려움이 닥치면 제일 먼저 생각나는 사람이 엄마다. 아마도 내가 믿는 신보다도 더 나를 잘 알고 나를 지켜준다는 믿음 때문일까? 내가 초등학교 2학년 여름. 마당에 있는 들마루에서 엄마는 집에서 칼국수를 밀고 계셨다. 밀가루에 콩가루를 섞어서 반죽을 치대고 암반 홍두깨로 밀어서 칼국수를 하신다. 그런데 반죽 치대는 게 여간 어려운 게 아니다.

다섯 식구 먹을 국수를 만드는 일은 꽤 힘들다. 엄마가 들마루에서 반죽을 치대고 있으면 난 엄마의 엉덩이 뒤에서 구구단을 외웠다. 엄마는 반죽 치대는 소리에 장단을 넣어 나에게 구구단 외는 방법을 알려 주셨고 나는 음률에 따라 외우곤 했다.

그렇게 구구단을 엄마가 칼국수 미는 내내 외우고 나서 저녁 해가 뉘엿뉘엿 넘어갈 때쯤 식구들이 모이면 우리 엄마는 큰 가마솥에 물을 끓이고 한쪽 곤로에다가는 호박을 채 썰어 볶고 저녁 준비를 하셨다. 칼국수가 다 삶아지면 뜨거운 여름에도 우리 식구들은 마당 들마루에 앉아 땀을 뻘뻘 흘리며 칼국수를 맛있게 먹곤 했다.

나는 지금도 엄마가 보고 싶으면 동네 할머니가 하시는 칼국수 집엘 간다. 아무런 육수도 내지 않고 그저 뜨거운 맹물에 감자와 호박 숭숭 썰어 넣고 간장 조금 넣은 칼국수에서는 엄마 냄새가 난다. 칼국수 먹으며 난 속으로 꼭 2~9단까지 구구단을 외운다. 엄마에 대한 그리움의 단편이라고나 할까?

초등학교 때 우리 동네는 아이들이 모두 모여 노는 그런 동네였다. 특별한 놀이가 없던 시절에 겨울날 아이들은 널뛰기하자고 했고, 어떤 아이는 집에서 비료 포대에 지푸라기를 넣어서 널판 밑에 넣는다고 가져오고, 어떤 아이는 좁다란 널빤지를 가져오고, 아이들 저마다 널뛰기에 필요한 것들을 가지고 왔다.

그때부터도 나는 아이들에게 자랑하는 걸 좋아했던 것 같다. 순간적으로 엄마가 그렇게 사시사철 칼국수 하시면서 아끼던 암반(칼국수를 미는 넓적한 널빤지)을 들고 아이들에게 낑낑거리며 의기양양하게 갔다. 아이들은 다 입을 함지박만 하게 벌리고 정말 이걸로 널뛰기해도 되느냐고 몇 번을 물었다. 난 그렇다고 하고 얼른 밑동을 넣고 뛰자고 했다.

우리는 온 동네 아이들이 모여 우리 집 암반으로 널뛰기를 했다. 해가 넘어가고 아이들은 모두 집으로 가고 나도 집에 가야 하는데, 널뛰기할 때는 좋았는데 암반을 보는 순간 앞이 깜깜해졌다. 엄마의 화나신 얼굴이 내 눈에 아른거렸다. 난 얼음이 되어 그 자리에 얼마나 오래 있었는지 모른다.

결국은 그 자리에 그대로 암반을 놔두고 집으로 돌아오니, 마침 그날도 엄마는 칼국수 반죽을 다 하고 이리저리 헤매고 계신다. 엄마는 "아가, 암반 못 봤니? 어떻게 도둑이 가져갈 리도 없지만 가져가도 홍두깨랑 같이 가져가야지 암반만 가져갔다니?"

나는 입이 열 개라도 할 말이 없어 묵묵부답으로 가만히 서 있었다. 엄마는 계속 헤매신다.

반죽은 다 해놓고 암반이 없어 밀지도 못 하고 찾으러 다니시는 것이다. 나는 갑자기 엄마 치맛자락을 붙잡고 울음을 터트리며 동네 아이들이랑 암반 가져다 널뛰기한 이야기를 했다.

속으로 나는 '오늘 죽는 날이다. 다리 몽둥이 부러지는 날이다. 아이들에게 내가 죽으면 국수 암반 때문이라고 말해야지.' 속으로 되뇌면서, 눈을 뜨지도 못하고 웅얼거리며 말하는 나를 엄마는 갑자기 꼭 안으며 "오늘 그렇지 않아도 팔이 아파서 수제비해 먹으려고 했어, 잘 됐어."라고 하신다.

"앞으로는 그러면 안 된다. 그때는 엄마가 혼낼 거야."라고 말씀하신다.

정말 심장이 얼었다가 순간적으로 용암처럼 뜨거운 것이 올라오는 느낌을 나는 그때 처음 알았다. 엄마 품에서 얼마나 대성통곡으로 울었는지 모른다. 지금 생각하면 내가 잘못해놓고 뭘 잘했다고 그렇게 울었는지 기가 막힐 노릇이다. 엄마 눈엔 그런 내가 매우 안쓰럽고 솔직하게 말했던 게 기특하게 생각하신 듯하다.

이렇게 별거 아닌 일상들이었던 것이 내가 나이가 들어감에 따라 엄마가 더욱 보고 싶다. 여름날이면 들마루에 누워 엄마가 부쳐주는 부채 바람으로 엄마랑 참 많은 이야기를 나누었던 것 같다. 엄마는 나에게 처음으로 별자리를 알려준 사람이다.

"아가, 저 하늘 중심에 있는 것이 북극성이야. 북극성을 중심으로 북쪽에 국자 모양 보이지? 몇 개인가 세어볼까?" "하나, 둘, 셋, 넷, 다섯, 여섯, 일곱." "맞아 일곱 개야. 그래서 북두칠성이야. 저 북두칠성만 찾으면 나그네들이 길을 잃어버리지 않는다고 했었어."

그 외에도 물병, 전갈, 쌍둥이자리 등 엄마는 모르는 게 없이 차근차근 부채로 하늘을 가리키며 설명해 주었다. 한참을 듣다 보면 하늘이 내게로 덮쳐오듯 무너지고 쏟아져 내려오는 멀미를 느끼곤 했다.

"엄마, 어지러워. 하늘이 나한테 자꾸 떠내려오려고 그래."라고 하면 "아마도 우리 형숙이가 별자리 이야기를 열심히 들어서 별들이 상을 주는가 보다."라고 말씀하셨다. 그리곤 내 손을 잡아 주시며 "반짝반짝 작은 별 아름답게 비추네." 하면서 노래를 불러주셨다.

그 손의 느낌에 나는 스르르 마음이 놓인다. 나는 "상을 주면 좋아야지 왜 자꾸 어지러워?"라고 말하면 "눈을 감아봐. 눈을 감으면 별들이 네 마음에 들어올 거야. 그 별들이 우리 형숙이를 지켜주는 별들이 될 거야."라고 말씀하신다.

그 덕분인지 난 지금도 수시로 밤하늘을 쳐다보며 북극성도 찾고, 북두칠성의 국자 모양도 찾고, 그리고 무엇보다 날 지켜줄 별들을 습관적으로 찾게 된다.

그 별들이 엄마인 양, 엄마를 찾는 엄마의 그리움을 별들을 찾는 것에서 해결하려고 하는 경향이다. 지금 생각하면 우리 엄마도 문학소녀였던 것 같다. 나의 문학 감수성은 별자리를 배우던 마당 들마루에서 시작됐었던 것 같다. 좋은 것, 아름다운 것, 기쁜 것, 긍정적인 것들을 마음에 담을 수 있는 그릇을 만들어 주셨던 것 같다.

마루에 누워 별을 찾다 보면 반달이 떠 있을 때도 있다. 엄마는 엄지손톱을 보여 주며 상현달, 하현달 보는 방법을 알려주기도 했다. 지금은 미세 먼지로 흐린 날도 많지만, 난 언제 어디서건 하늘을 보면 별자리에 대한 유래, 별자리 신화, 별자리 이야기. 작은 별 노래를 해주던 엄마가 저 하늘에서 나를 지켜보고 계시는 것 같아 마음이 참 푸근하고 좋다.

우리 엄마는 어쩌면 나에게 별자리 이야기가 아닌 인생 한 바가지 가슴에 쑥 넣어주시고 간 것은 아닐까? 시간이 가면 갈수록, 날이 가면 갈수록 엄마가 더욱더 그리워지고 보고 싶다.

07
시간이 지나서야
마음이 보입니다

　사람은 그 나이가 돼 봐야 그 사람의 마음을 알 수 있다는 말이 있다. 정말 내가 엄마의 나이를 지나면서 난 엄마를 이제야 알게 되는 것 같다. 우리 엄마의 일생을, 마음을, 느낌을……

　엄마는 수시로 말씀하셨다. "내가 살아온 이야기를 책으로 쓰면 열 권, 스무 권도 넘어. 책을 안 써서 그렇지."

　그러면서 가계부는 54권이나 남겨놓고 가셨다. 어쩌면 그 가계부 안에 엄마의 일생이 다 들어가 있을 것이다. 지금 생각하면 그 가계부가 있다면 내가 우리 엄마의 일생을 책으로라도 내주고 싶다.

　내 기억 속 엄마는 배운 티를 내지도 않고, 그렇다고 어릴 적 부유하게 자란 내색도 내지 않는 그냥 시골 장사치 부인의 아등바등 열심히 사는 호탕한 웃음의 여인네이다. 그런 엄마의 이야기가 이제는 내 가슴에 훈장처럼 자랑스럽게 자리 잡는 시간이 되었다. 이젠 엄마의 시간을 지나면서 보이게 되는 것들이다.

　엄마는 항상 마당을 새벽이면 일어나 쓸었다. 우리 마당만 청소하는 게 아니라 집 밖 골목길까지 깨끗이 싸리 빗자루로 쓸곤 하셨다. 참 이해가 되지 않는다. 그렇지 않아도 바쁜 아침 시간에 엄마는 옷을 단단히 여며 입으시고 키 150센티에 34킬로의 작은 체구로 무슨 의식을 하듯 봉당을 쓸고 마당을 봉당 안쪽부터 차근차근 먼지 흩날리며 쓸어나가신다.

"엄마 아침부터 뭐 하러 피곤하게 집 밖에까지 청소해? 얼른 들어오셔."라고 하면 "이렇게 쓸어야 마음도 쓸리고 하루가 깔끔하게 시작하는 거란다."라고 말씀하신다.

여름엔 수돗가에 풀도 다 뽑고 수돗가 옆에 있는 미나리꽝의 물도 채워주고 마당에 돌멩이도 한쪽으로 쌓아놓으시고 바둑이(강아지) 집도 청소해주고. 이런 의식들을 매일 반복하셨다. 지금 시간이 지나 생각하면 엄마는 청소하는 것이 아니라 그런 행위들을 통해 삶의 기도를 매일 한 것이 아닐까 싶다.

다른 집 부모님은 자식들이 잘못해도 무조건 자식 편에 서서 억지도 부리고 떼도 쓴다는데, 우리 엄마는 참 냉정하고 이지적인 분이라 그런 아량 같은 건 꿈도 꾸지 않고 컸다. 참 무섭고 어려운 분이셨다.

아버지는 장날 장사하고 집에 오셔서 엄마가 안 계시면 라디오 위에 물건 판 돈을 놓아두곤 했다. 나는 초등학교 2학년 때 아이들과 잘 지내고 싶은 마음에 안방 라디오 위에 있는 돈을 훔쳐 학교 가는 길 교문 앞 문방구에서 쫀디기랑 라면땅을 잔뜩 사서 의기양양하게 교실에 가서 아이들에게 하나씩 나누어주었다.

아이들은 내가 최고라며 나를 좋아했고 나는 어깨를 으쓱하며 기분이 최고로 좋았다. 그런데 도벽도 습관이라 했는가? 아이들이 나랑 잘 안 놀아주는 기분이 들면 나는 라디오 위 돈을 훔쳐다 반 아이들에게 맛있는 과자를 나누어 주게 되었다.

어느 날 엄마는 라디오 위에 돈이 자꾸 없어지는데 아는 사람 있느냐고 둘째 오빠, 막내 오빠, 나를 앉혀놓고 말씀하셨다. 오빠들은 모른다고 하고 나는 아니라고 펄쩍 뛰었다.

 엄마는 내 것이 아니면 아무리 식구라도 남이니까 남의 것을 가져가면 도둑이니 신고를 해야겠다고 자리에서 일어나셨다. 그러면서 "나는 너희들 배꼽에 유리를 대고 있어서 너희 속을 다 읽을 수 있어."라는 무시무시한 말씀을 하시는 거였다.
 나는 얼굴이 빨개지고 식은땀이 나면서 손이 바들바들 떨린다. 배를 만져 봐도 유리가 없는데 엄마는 내 배꼽에 유리를 대고 있다고 하시고. 보통 겁이 나고 무서운 게 아니다. 우리 엄마는 사람이 아니라 귀신이다. 배꼽 겉이 아닌 속에다 유리를 대고 내 속을 보고 있으니. 더군다나 엄마는 경찰서에 신고하신단다. 그럼 나는 영창 가서 엄마도 아버지도 못 보고 콩밥만 먹고 있어야 하는 건가 보네.
 나는 순간 뒤로 넘어가 기절을 하고 말았다. 사람이 극도로 무서우면 말도 안 나오고 기절한다는 걸 나는 초등학교 2학년 때 경험한 것이다. 깨어나 보니 엄마 아버지 오빠들이 걱정스러운 눈빛으로 나를 내려다보고 있는데 유일하게 막내 오빠는 고소하다는 표정이다. 나에게 제일 샘을 많이 내는 막내 오빠이기에 지금 생각하면 당연히 그럴 수도 있겠다는 생각이 들지만, 그때는 참 얄미웠다.
 엄마는 시원한 물을 먹이면서 왜 무서웠느냐고 물었다. 나는 내 배 속에 엄마가 대놓은 유리도 무섭고 감방 가서 콩밥 먹는 것도 무섭다고 했다. 엄마는 라디오 위 돈도 안 가져갔는데 배 속 유리가 왜 무섭고 영창 가는 것이 왜 무서웠느냐고 물었고 나는 울면서 사실은 내가 훔쳐가서 아이들에게 과자를 사서 나누어 주었다고 했다. 그러자 엄마는 더욱더 무서운 얼굴을 하며 과자를 나누어준 아이들한테 가서 과잣값을 다시 받아오라는 것이었다.

혁, 그럼 내가 무엇이 된단 말인가? 나는 이제 창피해서 학교도 못 다니고 친구들 사이에서 따돌림을 당할 것이라는 생각이 들자 얼굴을 방바닥에 대고 침을 뱉으며 더더욱 크게 울었다. 엄마는 그 돈을 다 받아오기 전에는 집에 들어오지 말라는 말을 하고 나를 내쫓았다.

나는 눈물, 콧물 범벅이 되어 밖으로 나오니 옆집 선태네 집 굴뚝에서 저녁밥 하는 연기가 모락모락 올라온다. 첫 번째로 선태네 집엘 가야 하는 데 도저히 선태 자식한테 쪽팔려서 못갈 것 같아 선태네 집 앞에서 30여 분을 뜸을 들이다가 진짜 깜깜해져서 엄마 말대로 늑대가 산에서 내려와 물려가면 안 될 것 같다는 생각이 번쩍함과 동시에 나는 선태를 불렀다. 선태는 웬일이냐는 얼굴로 나왔다.

"선태야. 내가 어제 사준 쫀디기랑 라면땅 있잖아." "응 왜?"
"그거 돈으로 돌려줄래?" "뭔 말이야. 네가 준 거잖아."
"그런데 내가 엄마한테 혼나서 쫓겨났어. 엄마가 돈 받아오래."
"싫어, 네가 준 거니까 돈 안 줄 거야. 돌아가."
나는 그 자리에 꼼짝도 못 하고 서 있었다.

땅바닥에다가 갑자기 처음부터 뭐가 잘못됐는지 정리하기 시작했다. 라디오 위의 돈, 내가 훔침, 쫀디기 라면땅, 카스텔라, 과자, 친구랑 친함, 다시 돈 받아와야 함, 못하면 난 영창감. 여기까지 쓰고, 난 선태네 아버지를 찾아갔다.

"아저씨. 사실은 제가 우리 집 라디오 위에 놓인 돈을 훔쳐서 선태를 비롯한 친구들한테 쫀디기랑 라면땅 과자를 사서 줬는데 엄마한테 걸려서 엄마가 돈 받아오라고 쫓아냈는데 아저씨가 돈 주면 안 될까요?" 아저씨는 나를 한참 쳐다보더니 "형숙이 네가 똑똑한지는 알았지만 정말 똑똑하다. 친구들하고 해결이 안 될 것 같으니 아저씨를 찾아왔구나." 하시더니 내 손을 잡고 우리 집으로 같이 오셔서 우리 엄마에게 아무 말도 안 하시고 돈을 3천 원 주시는 것이었다.

엄마는 아무 말 없이 받고 나에게 앞으로 한 번 더 그러면 진짜로 영창을 간다고 다짐을 받고 아저씨랑 밖으로 나가셨다. 나중에 내가 중학교 가고 나서 들은 얘기로는 아저씨가 엄마에게 주실 때 어른들은 벌써 내 버릇을 고치기 위해서 서로 마음을 아셨던 듯하다.

선태 아버지에게 다시 돌려드렸다고 하셨다. 아마도 그냥 그렇게 두었다면 난 지금 진짜로 영창(감옥)에 가서 콩밥을 먹고 있을지도 모르겠다. 이렇게 나이가 들고 시간이 지나니 엄마가 왜 그리 무섭게 했는지 이제야 엄마의 마음이 보인다.

이렇게 시간이 지나고 나니 엄마의 마음을 확실히 알 것 같다. 엄마 나이가 되고 내가 아이를 낳아 키워보니 엄마가 왜 그렇게 하지 않으면 안 되었는지.

아마도 엄마도 엄마가 아주 그리운 지금 나 같은 그냥 딸이었을 것인데, 엄마이기에 항상 아프지도 말고, 울지도 말고, 넘어지지도 않아야 하는 모습으로 보였나 보다. 그래서 엄마는 항상 앞을 보고 당당해야 하는 이유인지도 모른다.

제2장

여장부라고?

01
세상 듣기
싫은 말

내가 세상에서 가장 듣기 싫은 말이 있다. 여장부라는 말……. 남편과 나는 1999년도에 시작하여 지금까지 카센터를 같이 운영했다. 4년 전부터는 바쁠 때만 봐주고 평상시에는 나의 일인 강의를 다닌다. 1998년 남편이 13년이나 잘 다녔던 직장을 어느 날부터 가지 않고 집에 있기 시작했다. "자기 월차 썼어?" "응" 며칠이 지나도 또 회사를 가지 않길래 "자기 연차 썼어?" "응" 그래도 또 회사를 계속 안 가길래 "자기 사표 냈어?" "응"

그때 아들이 4살. 딸아이가 이제 겨우 돌을 막 지났을 때라 사표 냈다는 말에 가슴이 철렁했지만 그렇다고 사표 낸 사람을 다시 회사에 돌려보낼 수는 없어서

"자기가 13년 동안 열심히 일했으니까 1년에 5일씩 계산해도 두 달은 놀러 다닐 자격이 있어. 그러니까 우리 아이들 데리고 놀러 가자. 더군다나 일 년 치 급여도 주니까 가지고 놀러 가자." 라고 하고 그날 준비해서 저녁에 바로 출발했다.

그때만 해도 네비게이션이 없어서 지도 한 장 달랑 들고, 트렁크에는 딸아이 젖병 소독할 냄비랑 휴대용 가스버너 하나, 부탄 가스 그리고 김치가 담긴 작은 통을 넣어서 겨울옷 좀 싸고, 아

나는 삶을 강의합니다

이들 담요를 뒷좌석에 깔고 우리 집 벤츠인 1995년식 엑센트를 타고 출발하였다.

차 타고 가다 좋아 보이면 들어가서 구경하고, 지도 보고 가다가 관광지 표시 있으면 구경하고, 맛집이란 표시 있으면 들어가고 민박하고, 아이들 목욕시켜야 하는 3~4일에 한 번씩 여관에서 자고, 이렇게 내륙 구석구석, 동해안에서 시작해서 서해안까지 40여 일을 다녔다. 아들은 걸리고 딸아이는 업고 다니는 여행도 지금 생각하면 고생스러웠지만, 낭만도 있었던 것 같다.

날씨가 추워 아무도 없는 대천해수욕장에서 아들과 같이 연을 날리다 말고 남편이 묻는다. "우리 돈 얼마 썼어?" "500만 원 정도?"라는 대답을 함과 동시에 남편은 "내가 돈을 언제 벌어다 줄지 모르는데 왜 이렇게 많이 썼어?"라며 점심도 먹지 않고 연 날리다 말고 차에 타서 충주 집으로 향했다.

한참 달리다 조치원에서 우리는 교통경찰에게 속도위반으로 4만 원짜리 딱지를 끊었다. "씨~ 그 돈이면 애들하고 맛있는 밥 먹고 천천히 오지, 집에 가도 할 일도 없는데."라는 혼잣말로 위안으로 삼아 봤다.

여행 이후 한동안 남편은 말했다. 그때가 내가 태어나서 처음으로 그렇게 오래 여행했고, 내가 힘들어도 버티는 에너지가 되었다고, 아마 남들처럼 명퇴했다고 집에서 우울하게 있었으면 아무것도 못 하고 있었을 거라고.

우리는 집에 돌아온 날부터 정말 IMF 생계형 가족이 되었다. 우리가 살던 사택에서 시내에 전세를 주었던 대출금 왕창의 아파트로 이사 왔고 실업급여를 타기 시작했다. 아들 유치원도 반

값의 혜택을 받으며 정말 생계 최전선으로 밀려났다. 다행인 건 주위에서 반찬값 하라며 오빠들이, 아이들 간식 사주라며 언니가, 힘들 때 보태 쓰라며 친구들이 건네주는 돈으로 버틸 수 있었다. 그래도 나는 마음이 조급하지는 않았다.

엄마 말씀대로 길거리에 나앉지 않았고, 굶지 않았고, 헐벗지 않으니 내가 조금 덜 쓰고 내가 조금 덜 먹고 내가 조금 더 아끼고 살면 아무런 불편이 없기에, 내일을 향한 희망을 붙잡을 수 있기 때문이다. 그렇게 일 년을 준비하고 어느 날 은행 마감 30분 전, 남편은 가게 할 땅을 임대 계약했으니 돈을 찾아서 오라고 하였다.

난 딸아이를 둘러업고 은행으로 뛰어가 돈을 찾아 남편이 기다리는 복덕방으로 가서 돈을 전해주고 임대한 땅을 보는데 가슴이 답답했다. 체육관 사거리, 큰 교회 옆 아무것도 없는 허허벌판에 땅을 계약한 것이다.

건물도 지어야 하고 비수기인 겨울에 카센터를 개업해야 하는 상황에서 뭐가 뭔지도 모르고 남편이 하자는 대로 하기로 했다. 내 성격상 하기 전에는 잔소리해도 일 시작하고 나면 아예 입을 닫고 남편이 하자는 대로 하는 스타일이기 때문이다.

그렇게 아무런 기술도 없고 자격증만 있는 남편이 비수기인 11월에 A급 정비기사를 데려다 놓고 개업을 했다. 1999년 기사 월급 150만 원. 최고의 A급 기술자는 데려다 카센터 개업을 했음에도 하루에 펑크 한 대 못 때우는 날도 허다했다.

처음 개업할 때 주위 사람들은 다 말렸다. 우리 집 50m 지점에 충주에서 제일 잘한다는 카센터가 있는데, 기술도 하나도 없는 사람이 어떻게 그것도 비수기에 개업을 하느냐고. 있는 돈 까먹지 말고 아이들하고 먹고살 궁리를 하라고. 그래도 나는 남편을 믿었고 희망도 있어 말리지 않았다. 그렇게 겨우 내내 4개월 동안 없는 돈에 빚까지 800만 원 지는 상황이 되었다. 우리는 못먹고 못 입어도 기사는 월급을 줘야 하고, 임대료는 나가야 하므로……

그때부터 나는 어떻게 하면 이 굴레에서 벗어날 수 있을까를 고민했다. 남편에게 기술을 배우라니 서른여덟에 무슨 기술을 배우느냐고 버티고 있었다. 지금 같으면 생각이 많이 깨었겠지만, 그때만 해도 남편이 우기면 그냥 놔두었다. 그리고 카센터 네트워크에 대해 알아보기 시작했다. 처음 시작한 것이 카멘샵이란 체인점이다. 컴퓨터에 정비 프로그램을 입력해서 고객 관리를 하고, 예방정비를 미리 안내해주는 그 당시엔 좀 앞서갔던 네트워크였다.

카멘샵을 하기 위해 난 컴퓨터 학원에 한 달 등록하고 다니고 나서는 수시로 전화로 물어보며 독학으로 컴퓨터를 공부했다. 사람은 내가 필요하면 어떻게든 배우게 되는 것 같다. 충주에서 처음으로 카멘샵 간판을 달고 우리 가게는 그나마 조금 적자의 폭이 줄어들 무렵, 다른 곳에서 하던 카멘샵이 우리 가게 옆으로 이전하게 되었다.

카멘샵 본사에서는 원래 있던 카멘샵이기 때문에 거리 제한 없이 두 곳 다 카멘샵 간판을 달고 장사를 하라는 것이었다. 본사와 분쟁을 하고 있을 때 다른 대형 보험회사에서 네트워크 정비업체를 제안했고 우리는 카멘샵 간판을 내리고 대형보험회사 출동서비스를 비롯한 네트워크 체인점을 시작했다.

그때부터는 적자가 흑자로 돌아섰고 기사도 5명씩 두고 일을 했다. 아침 8:30분 출근하면 더덕에 요구르트를 갈아서 간식 주고 점심 해주고 오후 간식 주고 저녁 7시에 먹고 기사들이 9시 퇴근을 했다. 돈 버는 재미에 힘든 줄도 모르고 정신없이 살았다. 오롯이 기사들 관리도, 경제를 관리하는 것도, 아이들 케어하는 것도 내 몫이었다. 우리 집 손님들치고 우리 집에서 밥 먹지 않은 사람이 없다고 할 정도로 한 끼에 12인분씩 밥을 해도 나는 밥이 없어서 굶는 날도 허다했다.

어느 날 몸이 너무 아파서 몸살이 왔다. 온몸을 바늘로 찌르듯이 아프고 살을 도려내는 듯한 통증에 나는 앓아누워 끙끙 앓고 있었다. 점심때가 되어 남편이 방에 들어오더니 기사들이랑 나 점심 먹어야 하는데 밥 안 주느냐고 묻는다. 난 정말 삶에 회의를 느꼈다. 내가 죽을 만큼 아픈데 병원 가자는 말이 아닌 밥 달라는 저 말이 나는 원수처럼 느껴졌다.

입에서 쓴 물이 올라와도 물 한 모금 못 먹고 늘어져 있는 나에게, 대답조차 못 하는 나에게 남편은 화를 내고 나갔고, 난 처음으로 내가 왜 이렇게 살아야 하는지 회의감에 치를 떨어야 했다.

카운터에 앉아서 손님들 상대할 때면 손님들은 나한테 말한다. 이 집은 여사장님 덕분에 잘 되는 거예요(쌀 한 가마니 80kg을 사면 20일도 못 먹었던 시절이었다). 오는 사람들한테 밥 퍼 주는 게 얼마나 어려운데. 여장부여 여장부.

내가 젤 싫어하는 말이 여장부다. 정말 그 여장부 짓거리하느라고 내 몸은 다 병들고 망가지고, 힘들어도 힘들다고 미련 맞게 말도 못 하고 그렇게 살았던 증거가 여장부라는 말이다. 세상에서 누가 나를 여장부라고 부르는 사람이 있다면 다시는 마주하

나는 삶을 강의합니다

기 싫은 것이다.

예전에 우리 엄마에게 사람들이 체구는 작아도 여장부라고 부르면 엄마는 그냥 허허 웃고 말았지만, 나는 그렇게 웃음조차도 웃기 싫다. 내 아이들과 거리에 나앉지 않기 위해, 살기 위해 들었던 여장부라는 말은 이제 사양이다.

난 이제 사람이고 싶고, 여자이고 싶고, 엄마이고 싶고, 아내이고 싶고, 강사이고 싶다. 그냥 내가 보이는 그대로이고 싶다. 나의 용량에 맞지도 않게 일하면서 탈 나서 드러눕는 미련곰탱이 여장부가 아닌, 나는 그냥 '나'이고 싶다. 여장부에서 벗어나기 위한 나만의 허물 벗기에 도전하는 시기를 엿보고 있었다.

그래 내가 나비가 되면 되지, 여장부는 벗어버리리라.

그 뒤로 난 참 열심히 살았다. 카센터 일에 지장 주지 않으면서 여장부의 허물을 벗기 위해서.

지금도 나는 세상에서 제일 듣기 싫은 말은 여장부라는 말이다.

버티고 또
버티는 삶

사람은 누구나 다 자기 삶은 힘들다고 말한다. 어떤 상황에서든 어려움은 있고 그 어려움을 느끼는 당사자는 제일 큰 영향을 받는다. 나 또한 내 삶이 제일 힘들었다고 느꼈었다. 시간이 약이라고 지나고 보면 '아~ 견딜 만한 일이었구나' 싶지만, 그 터널을 지날 땐 정말 세상을 저주할 만큼 내가 힘들었다.

나는 장사하는 부모님 밑에 5남매의 막내로 자랐다. 아무도 눈치 주는 사람도 없고 내 말 한마디면 아버지는 하늘의 별도 따다 줄 만큼 예뻐하셨다. 내가 울면 무조건 오빠들은 아버지한테 이유도 모르고 혼나는 일이 벌어지니 막내 오빠는 나를 원수처럼 여겼을 것이다.

그렇게 부자는 아니지만 굶지 않았고 메이커는 아니지만, 엄마의 깔끔한 성격에 항상 단정한 옷매무새를 유지했다. 아버지가 장사하니 재산은 없어도 먹고 싶은 것은 농사짓는 부잣집 아이들보다 더 잘 먹었다. 다 부모님 덕분이다. 이렇게 나는 여고 졸업 때까지는 평범하지만 자존감만은 하늘을 찌르는 정의로운 아이였다.

스무 살, 사회에 나오면서 나는 강인한 독립적인 사람이 되어야 했다. 잠깐의 회사 생활을 거쳐 터미널에서 장사하는 언니 집에서 6년을 사돈들 틈에서 살면서 나는 눈치라는 것도 처음 봤고 참는 것도 처음 해봤다. 세상이 내 뜻대로 되지 않는 시간의 연속이었다. 언니와 형부 그리고 언니의 시어머니인 사돈어른. 나랑 방을 같이 쓰며 지내는 세 살 많은 사돈처녀. 그리고 동갑인 언니 시동생인 사돈까지……

층층시하의 우리 언니는 되레 낙천적이고 긍정적인 성격에 별로 영향을 받지는 않았지만, 나는 생전 처음 가족이 아닌 사람들과의 동거가 편할 리가 없었다. 언니의 시어머니 되시는 안 사돈어른은 먹는 거로 차별을 많이 하셨다.

언니 내외가 먼저 아침을 먹고 나가면 나와 사돈처녀가 집에 들어와 아침을 먹는데, 사골국을 끓여도 사돈처녀가 사골국을 안 좋아한다고 나까지 안 주고 그냥 사돈처녀 좋아하는 소시지만 구워주는 것이다. 소시지를 싫어하는 나는 그냥 김치 조각으로 밥을 대충 먹을 때도 많았다.

한번은 우리 엄마가 일이 있어서 언니네 집에서 하룻밤을 주무셨다. 형부는 오랜만에 장모님 오셨다고 고기를 사 와서 온 가족이 고기를 구워 먹고 언니 내외가 가게에 나오고 나서 사돈처녀와 내가 밥 먹으러 집에 들어왔다.

그날도 사돈어른 평소처럼 아무렇지도 않게 사돈처녀 고기 안 좋아한다고 소시지만 구워서 밥을 주셨다. 옆에 계시던 엄마는 "우리 막내는 고기 좋아하는데 제가 구울까요?"라고 물으니 "놔 둬요. 우리 딸이 고기 안 좋아하니 굽지 마세요."라고 한다. 그날부터 우리 엄마는 내가 언니네 집에서 나오는 날까지 고기를 잡숫지 않으셨단다.

거기서 눈칫밥 먹으며 좋아하는 고기를 앞에 놓고도 심통 맞은 사돈한테 한소리 듣는 막내딸 눈에 밟혀서. 그 속에서 그렇게 당했던 나는 그것이 습관이 되어 아무렇지도 않았는데 엄마에게는 피눈물 나는 사건이 되었다. 결혼 전 집에 있을 때 엄마는 나에게 날마다 고기란 고기는, 소고기부터 돼지고기, 닭고기, 토끼고기, 염소고기 등 다 먹였던 것 같다.

내가 잘못하면 언니가 사돈어른한테나 형부한테 책 잡힐까 봐 나는 최대한 언니에게 피해를 안 주는 행동을 취할 수밖에 없었다. 왜 사돈들이랑 생활하며 뛰쳐나오고 싶은 마음이 없었겠는가? 혹시라도 네 동생은 참을성도 없고 그게 뭐냐는 얘기가 언니에게 돌아갈까 봐 나는 참을성으로 참는 인내의 시간을 보내야 했다.

그때 내가 참을 방법은 책을 읽고 전영록 노래를 듣고 부모님과 언니의 처지를 생각하는 것뿐이었다. 힘든 시간 속에서도 무언가 나의 것들을 찾아서 생활했다. 힘들지만 나름 그 속에서 재미도 찾아가려 무던히도 노력하던 시간이었다. 6년여의 세월이 흐른 어느 날 형부는 밤늦게 나를 불렀다.

"처제가 6년 일 해줬는데 가게를 우리 형한테 주기로 했어. 그러니 내가 그동안 일한 거 오백 줄게."라고 말하는 것이었다. 오백…… 그때 경리 월급이 35만 원 정도 할 때인데, 사돈 틈에서 눈치 보면서 열심히 일한 보수가 조그만 사무실 경리 2년 치 월급도 안 된다고 말하고 있는 것이다.

순간 나는 가만히 듣고 있다가 형부의 눈을 쳐다보았다. 형부의 여동생 둘은 중·고등학교 가르쳐서 데리고 일 시키다가 결혼할 때 혼수며 예단이며 하다못해 결혼식 비용 일체까지 다 해주고 막내 남동생은 중학교부터 대학교까지 교육시킨 사람이 지금 나한테 뭐하자고 이런 말을 하는 것인지 이해가 되지 않았다.

아무리 친동생은 아니어도 일하는 동안에는 처제 나중에 걱정하지 않아도 돼. 형부가 처제 결혼이고 뭐고 다 책임질게. 항상 열심히 일 해줘서 고맙다는 말을 입에 달고 살던 그 사람이 맞나 싶어서 혼돈이 왔다.

나는 입을 떼고 말했다. "저는 일할 때만 둘도 없는 언니 동생이고, 처제이고, 마지막에는 모르는 타인만도 못한 사람이 되는 거네요. 나 한 사람 희생해서 언니가 부자로 잘 산다면 한 푼도 받지 않을게요. 형부 잘 먹고 잘사세요."라고 말하고 방문을 열고 거실로 나오니 언니는 멍하니 나를 쳐다본다.

"언니 나, 갈게."라는 한마디만 남기고 밤 11시가 넘어 입은 옷 그대로 도로로 나와 택시를 잡아타고 수원서 충주 주덕 집까지 왔다. 택시 안에서 오만가지 생각이 다 들었다. '사람이 젤 간사한 존재라더니. 그래 언니만 잘 살면 되지.'라고 결론을 내렸다.

새벽 3시. 집에 도착하고, 난 집에 뛰어들어가 엄마를 부르니 엄마는 귀신을 본 것처럼 놀래서 말도 못 하시고 쳐다만 보고 계신다. 아버지는 맨발로 뛰어나오셔서 무슨 일이냐고 물으신다. 난 수원서 택시를 타고 왔는데 택시비 십만 원을 달라고 하니, 다행히 장사하던 우리 집엔 현찰이 있었던지 엄마가 후다닥 돈을 가지고 나오신다.

택시기사한테 잘 데려다줘서 고맙다고 90도로 인사를 하던 엄마 모습이 지금도 눈앞에 선하다. 집안으로 들어오니 엄마는 아무 말도 안 하시고 저녁 먹었냐고 물으신다. 안 먹었다는 나에게 엄마는 동치미 한 사발과 계란 프라이를 반찬으로 밥을 한 그릇 주신다. 왜 그리 맛있던지. 엄마 밥은 언제 먹어도 꿀맛이다. 그런 상황에서도 내 목으로 밥은 잘도 넘어간다. 그래 먹고 살면 되는 거지.

밥 먹고 나서 화장실 한번 다녀오고 잠을 자기 시작한 나는 3일 동안 먹지도 싸지도 않고 깨지도 않고 내리 잠만 잤다. 아버지와 엄마는 내가 어떻게 됐는지 알고 장에 장사하러 가지도 못하고 나만 내려다보고 계셨다고 한다.

언니가 엄마한테 전화해서 "조 서방이 나한테는 처제가 원하는 데로 다해줄 테니 걱정하지 말고 밖에 있으라고 하고 둘이 얘기하더니 형숙이한테 무슨 말을 했는지 그 밤에 아이가 나갔는데 엄마한테 갔느냐고 죄송하다."라고 전화가 왔다고 한다.

엄마는 "괜찮다. 너도 네 맘이 아닌데 끊자."라고 하고 나만 바라보셨다고 나중에 아버지가 말씀하셨다. 그 사건이 있고 언니는 형부에게 실망했다고 한다. 항상 형부가 자기 집에 하는 일이면 좋은 게 좋다고 언니는 무조건 형부가 하는 대로 들어주었단다.

어느새 형부 마음에는 친가에는 무엇이든 다 해줘도 전혀 아깝지 않아 이를 당연시하고, 처가 집에는 안 해 줘도 부인이 뭐라고 안 하니 챙기지 않아도 괜찮다는 생각이 든 것 같다. 하지만 이 사건으로 언니 마음에 처음으로 형부에 대한 부정적인 감정이 들었다고 한다.

형부네 집은 형부가 집안 전체의 가장 같은 존재였다. 형부의 형은 형부가 하던 가게를 그대로 물려받아 지금 부자가 되었고,

큰 여동생은 시집갈 때 혼수까지 해주고, 작은 여동생은 고등학교를 비롯해 결혼시키고, 막냇동생은 중학교, 고등학교, 대학교까지 형부가 책임을 졌다.

그렇게 형부는 친가에는 무엇이든 다 줘도 아깝지 않은 사람이었다. 문제는 우리 언니를 비롯한 조카 3남매였다. 정말 고생 고생 개고생을 시키고 형제들은 다 잘살게 하고, 건강 관리하라며 좋다는 건 전국 어디에 가서라도 다 구해다 해 먹이는 우리 언니의 정성은 발바닥에 놓은 채 형부 좋아하는 술은 박스로 집에 사다 놓고 드시고 담배는 하루 두세 갑씩 끊임없이 피시며 인슐린 주사를 맞던 형부는 젊은 나이에 저혈당 쇼크로 인한 치매가 왔다.

집안 행사에 친척분이랑 갔다가 차 안에 혼자 있을 때 저혈당 쇼크가 왔는데 몇 시간을 그렇게 있었는지 모른 채 있다가 병원 응급실에 가서 혈당 주사 맞고 바로 퇴원했는데, 문제는 그때부터였다고 한다.

뇌에 산소 공급이 안 되어서 치매가 온 형부를 언니는 그래도 집에서 간호하다가 도저히 집에서 케어할 수 없을 정도로 심해진 형부를 할 수 없이 요양병원으로 모셨고, 언니는 대학생을 비롯한 3남매와 생활 전선에서 뛰어야 했다. 그렇게 요양병원에서 2년 계시다 돌아가셨다. 친가 쪽에는 너무 고마운 아들이고 동생이고 오빠 형이었지만, 남편으로서 아빠로서는 너무 큰 짐을 남겨주고 가신 분이다.

결국, 아무도 친가 쪽에서 조카들을 돌봐주지 않았고, 다행히 조카들은 열심히 공부하고 지혜로운 아이들이라 지금은 모두 대기업 등 자리를 탄탄히 잡아 잘살고 있다. 인간적으로 보면 참 안타깝고 불쌍한 사람이 우리 형부인 것 같아 짠한 마음이 든다. 사람은 일반적이고 최소한 상식선에서 행동해야지, 그렇지 않으면 타인의 가슴에 상처가 된다는 걸, 건강관리만 잘해도 가족에게 짐이 되지 않는다는 걸 우리 형부를 통해 보았고 알았다.

나는 결혼이란 것은 무지갯빛 꿈 이야기처럼 아름다울 것으로 생각했다. 우리 부모님은 최소한 재미나게 항상 웃으면서 서로 위해주면서 사셨으니까 남들도 다 그런 줄 알았다.

나의 결혼생활 처음 몇 개월을 빼고는 내 생각에 맞는 건 아무것도 없었다. 더군다나 남편이 명예퇴직 함과 동시에 나는 생활 최전선에 뛰어들어야 했다. 남편도 열심히 했지만, 자신이 맡은 그 일 이상은 언제나 소 닭 보듯이 했기 때문이다.

남편은 친구들이 하는 술집이나 노름 하우스를 하고 싶어 했다. 친구 중에 그런 것을 해서 돈 잘 버는 사람들이 많다는 것이었다. 이혼하자고 했다. 땀 흘리지 않고 그렇게 돈 벌어서 애들 키울 바에는 이혼하는 게 낫지 않겠느냐고, 남편은 미련을 못 버리고 울며 겨자 먹기로 카센터를 차렸다. 비수기에 기술도 월등하지 않은 상태에서 차린 카센터는 잘 될 리가 없었다. 더군다나 옆에 충주에서 젤 기술이 좋은 카센터가 자리 잡는 상황에서 말이다.

남편은 새벽마다 전단지를 만들어 근처 아파트 자동차 앞 유리에 붙이고 다녔다. 이렇게 우리는 처음서부터 땅바닥에 헤딩하는 형국이었다. 돈이 있는 것도 아니다.

친정엄마는 "직장 생활한다고 해서 시집 보냈더니 어째 장사를 한다고? 장사 하는 집은 고사리손까지 다 필요한데, 뭐든지 못한다고 하고, 해 버릇하지 마라, 네 신세가 너무 고달프다.”라 며 눈물 글썽이던 엄마의 얼굴은 나에게 마음의 조약돌로 잔상 이 남아있다.

몇 개월이 지나 카멘샵 네트워크 가맹점을 달고 또 대형보험 회사의 가맹점으로 바꿔 달면서 우리는 적자에서 흑자로 돌아서 는 전환점을 맞이했었다. 그 시간이 남편도 나도 참 많이 고생스 러웠고 힘들었다.

나에겐 암흑 속에서 한발 한발 앞으로 더듬거리며 내딛는 발 걸음이었으니까 말이다. 남편은 출동서비스를 주로 하고 나는 아 이들 케어를 비롯해 기사들 밥해주고 출장도 다니고 경리업무도 보고 실내 세차도 같이하는 버거운 생활들이 이어졌다. 하루에 잠을 4시간 이상 자본 기억이 나에게는 별로 없다.

왜 그렇게 아침 간식 주면 금방 점심 먹을 시간이 다가오고, 점심 먹고 나면 바로 오후 간식 줘야 하고, 오후 간식 먹고 나면 7시에 먹는 저녁 준비해야 했다. 저녁 먹고 나면 기사들 퇴근하 고 난 그때부터 아들딸 눈높이 학습지를 봐주고 유치원, 학교 준 비물도 챙겨줘야 했다.

아이들 씻기고 재우고 나면 그때부터 난 나만의 카센터 장부 정리라든가, 기사들 월급 계산을 비롯한 총정리를 한다. 보통 새 벽 1시가 되면 정말 그때부터가 내 시간이다.

평소에 보고 싶어서 사 놓았던 책을 한 시간 정도 보고 2시가 넘어야 잠자리에 드는 생활의 반복이었다.

여고 다닐 때 나는 새벽에 깨어났을 때 엄마가 밥상을 펴놓고 영어, 일어 공부하는 걸 보고 물은 적이 있다. 엄마는 시장에서 씨앗장사 하는데 뭐 하러 새벽에 힘들게 공부를 하느냐고, 잠이라도 한숨 더 주무시지 공부를 왜 하느냐고. 엄마는 이렇게 대답하셨다.

"나는 이 시간을 통해 자부심과 자긍심을 갖는다."라고. 나는 그때까지 자부심과 자긍심에 대해 생각해 본 적이 없었는데 그날 국어사전에서 자부심과 자긍심에 대해서 찾아본 기억이 있다.

그 뜻을 지금도 잊지 않고 또렷이 기억한다. 아마 엄마의 인생철학의 단면이라고 생각한다. 나의 가치를 믿고 당당히 여기는 자부심과 나를 자랑스럽게 여기는 자긍심에 대해서 나도 그때부터 학습되었는지 모르겠다. 그래서 그런지 그 힘든 카센터를 개업하고 몇 년간 잠 잘 시간도 부족한 가운데에서도 나를 버티게 해 주는 것은 책을 읽고 공부를 새벽에 잠깐씩이라도 한 것이라고 생각이 든다.

또한, 언니네 집에서의 그렇게 힘든 삶들도 나에겐 스무 살 사돈들이랑 생활했던 그 시간이 약이 되었다. '그래 그 속에서도 살아난 내가 지금은 내 식구들인데 못 버티겠어? 할 수 있지.'라고 매일 매일 나에게 최면을 걸고 다시 시작하는 하루살이 인생이 되어갔다.

오늘만 버티면. 오늘까지만 버티면……. 그렇게 나의 삶은 살아가는 것이 아니라 버티는 삶이었다.

나는 삶을 강의합니다

03
죽어야
끝날까?

극한 상황에 있는 사람이 하루 24시간을 지나야 한다는 것이 얼마나 고통인지 겪어보지 않은 사람은 모를 것이다. 사람이 육체가 힘들면 정신까지도 좀먹는다는 걸 나는 극한 체험을 하면서 알았다. 남편과 카센터를 개업하고 비수기에 하루에 펑크 하나 없을 때도 나는 장사 안돼서 죽겠다는 말을 한 번도 안 했다. 친정엄마는 죽겠다는 말을 하면 죽을 일만 생긴다고 죽겠다는 말을 어려서부터 못하게 한 영향이다. 정말 하루가 너무 힘들어 매일 죽을 것 같다는 사점을 찍었다. 정말 언제까지 이렇게 살아야 할까?

카센터와 집이 한군데 붙어있는 구조라 기사들 밥도 해주고 출장도 다니고 실내 세차도 하는 만능이 되어야만 하는 상황이 되었다. 아침 6시 30분이면 일어나, 가게 셔터를 열고 사무실 청소를 하고 방으로 들어와 아침준비를 하고 아이들을 깨워 학교와 유치원을 보내고 나면, 그때부터는 기사들 간식으로 더덕과 요구르트를 갈아서 사무실로 갖다 준다.

실내 세차 들어온 차를 차주와 함께 상태를 확인한 다음, 실내 세차를 위한 약품 조제 및 차 내부 청소를 하였다. 그리곤 정말 허리가 끊어질 정도로 힘든 실내 약품 청소를 시작하면 꼬박 3~4시간을 해야만 했다.

다리 꾸부리고 약품 뿌리면 다시 얼굴로 떨어지는 좁은 차 안 공간에서 3~4시간을 청소한다는 건 사람으로서의 한계를 느끼는 일이다. 약품 실내 세차가 끝나자마자 집으로 뛰어들어간다.

매일 12인분의 밥과 반찬을 해서 사무실에다 차려주면 대장을 비롯한 기사들 그리고 차 정비하러 와 계시는 분까지 식사한다. 다 먹고 나면 상 치우고 설거지하고 나면 밥 먹을 힘조차 없다. 배고프니 한술 뜨려고 보면 밥솥에 밥도 없다. 정작 12인분의 밥을 하고 나 먹을 밥이 없어 라면을 삶는다. 그때는 당연하다는 듯. 배고프니 안 먹으면 죽으니 어쩔 수 없이 목구멍으로 눈물과 함께 집어넣는다.

'정말 이런 삶을 살려고 엄마 눈에 피눈물 나게 하고 결혼한 건가?' 하는 회의가 밀려왔다. 하지만 나에게는 아이들이 있다.

나도 최소한 우리 엄마가 나한테 버팀목이 되어 주었던 것처럼 그 정도는 해줘야 되지 않을까? 엄마 아프게 하고 고집부려 한 결혼, 최소한 다시 엄마 눈에 피눈물 나게는 하지 말아야겠다는 의무감에 이 악물고 버티는 삶이었다.

아침이면 눈 뜨는 게 제일 싫었다. 눈 뜨지 않으면 지금처럼 평화로울 텐데, 힘든 것도 없을 텐데, 돈 때문에 아등바등 안 해도 될 텐데, 기사들 꼴통 부리는 속 썩이는 일 안 해도 될 텐데, 기타 등등.

그래도 아침에 어떻게든 눈을 뜨면 아무 일 없다는 듯 내 의지와 상관없이 하루하루가 물 흐르듯 지나갔다. 겉으로 평화로워 보이지만 내 마음속에서는 천 갈래 만 갈래의 생각들이 요동을 치고 움직인다. 운전하고 출장을 가다가 벽이 보이면 어느새인가 내가 벽으로 돌진하고 있는 나를 발견하게 된다.

'아 참, 출장 가야지.'라고 정신 차리고 간 적도 참 많았다. 매일의 힘든 상황 속에 난 계속해서 죽음을 생각하며 지내는 시간이 대부분이었다. 지금 생각하면 정말 우울증도 지독한 우울증이었다.

한번은 남편이 모임에 갔다가 술을 먹고 오는 바람에 새벽 3시에 출동서비스가 왔는데 깨우고 옷 입히고 하면 시간 걸리니까 나 혼자 출장을 간 적이 있다. 현대 타운 주차장에서 차 문 잠금이 떨어진 것이다.

나는 명함과 도구를 챙기고 손님이 계신 위치까지 찾아가 전화를 했다. 전화를 받지 않는다. 계속 통화 중이다. 헉, 한겨울 새벽 3시 조금 넘은 시간, 얼마나 추운 시간인지 온몸이 사시나무 떨듯 진동이 온다.

30분을 기다린 후 겨우 통화가 돼서 나타난 서비스시킨 분은 술이 거나하게 취해서 비틀거리면서 나타났다. "어? 아줌마가 내 차를 건드린다고? 아줌마 과부야? 왜 이 시간에 이런 걸 해?"라고 인격 모독의 말을 서슴없이 한다.

아무 대꾸 없이 "잠금 해제해드리겠습니다."라고 하니 옆에 와서 툭툭 치며 대답 안 했다고 시비를 건다.

할 수 없이 콜 센터에 전화해서 잠금 해제 취소시켜주고 다른 업체 섭외해서 보내드리라고 말한 후 회차할 준비를 했다. 아무리 서비스를 제공하는 입장이지만, 이렇게까지 하면서 하고 싶지는 않았다. 콜 센터에서 손님에게 다시 전화를 걸어 뭐라고 했는지 모르지만, 다시 해 달라는 것이었다.

안 한다고 딱 잘라 말하고 차에 타려고 하는 순간, 뒤에서 나의 문 따는 도구인 큰 막대 쇠 자를 가로채 나에게 내리치려고 하는 손님과 눈이 마주쳤다. 난 순간, 씩 웃었다.

"내리치시려고요? 돈 많으시죠?"라는 나의 말에 손님은 당황해 얼른 손을 내렸다. 그리곤 술에 취해서 정신이 나갔나보다고 미안하다고 사과를 하는 것이었다. 문을 따주고 한 시간 넘는 그날의 사건을 뒤로하고 집으로 귀가했다.

내가 손님이 쇠 자를 들고 내리치려고 했을 때 웃은 이유는 다른 사람들이 생각하는 것처럼 냉정하고 이성적이어서가 아니다. 그때는 죽음만 생각할 때라 '아, 오늘 난 죽을 수 있겠구나.'라는 생각에 나도 모르게 웃음이 나왔던 것이었다.

또한, 그 사람이 돈이 많으면 난 죽어서 좋고 내 자식들은 보상받아 편하게 살 수 있으니 이것이 일거양득이 아니고 무엇이겠는가? 하지만 사람은 자기의 명이 있는지 그것도 쉽지가 않았다.

나는 아이들에게 그날이 마지막인 것처럼 매일 매일 최선을 다하고 내가 없을 때 이 아이들이 살면서 힘들 때 어떻게 해야 하는지를 생각해보고 우리 엄마가 나한테 무섭게 가르치고 호되게 야단치듯 나도 엄마의 모습으로 매일 마지막인 것처럼 아이들을 몰아세웠다.

남편이야 어른이니 알아서 살겠지만, 아이들은 어디 그런가? 누군가 모델이 되어주지 않으면 허허벌판 아득한 지평선 너머를 추측만 할 수 있지 않겠는가? 그것이 우리 아이들의 숨통을 조이는 걸 그때는 모르고 매일을 마지막 순간이라는 시간으로 만들어 살았다.

나는 내 부모에게 사랑받고 물질적인 풍족함이 아닌 정신적

풍요를 누리면서 살았으면서 내 자식들한테는 나의 정신적인 절박함으로 깜깜한 절벽으로 밀어 넣었다.

지금 생각하면 정말 미안하고 마음 아픈 시간이었다.

초등학교 4학년인 아들과 1학년인 딸, 둘은 해동검도를 다녔다. 검도를 배우러 다닌다기보다는 집이 카센터이다 보니 아파트처럼 놀이터가 있는 것도 아니고 동네에 집이라고는 우리 집 한 집뿐이니 가서 뛰어놀라고 보낸 것이다. 둘이 한 달에 15만 원. 항상 아들 가방에 넣어 일정한 날이 되면 보냈었다.

하루는 관장님한테 전화가 왔다 "어머님. 도장비가 2달이나 밀렸어요." "네?" "한 번도 이런 일이 없었는데 이번에 이상해서 전화 드려 보는 건데 혹시 명수 편에 보내셨나요?" "제가 잘 생각이 안 나서요. 알아보고 연락 드릴게요."라고 전화를 끊고 오만가지 생각이 들기 시작했다. '순하디순한 아들이 형들한테 돈을 뺏긴 것인가? 아님 어디서 잃어버렸나?' 어쨌든 아들이 오길 기다려 물어보았다.

"엄마가 검도 도장비 준 것 어떡했어?" "관장님 갖다 드렸어요." "아, 갖다 드렸구나."라고 대답은 했지만 아득하기만 했다.

그때 우리 집 기사가 카센터 밖에 있는 휴지통에서 아들의 검도 도장비가 들어있는 봉투를 가지고 들어온다. 그런데 돈이 꽤 많이 빈 금액이다.

아들에게 직접 물어보려니 무슨 사연이 있을 것 같고 사실대로 말하면 관장님이 또 아들을 혼 내킬 것 같았다. 일단 도장비를 통장으로 입금하고 미안하다고 전화 드렸다.

아들이랑 둘이서 시내에 있는 레스토랑에 가서 돈가스를 시켰다. 먼저 수프가 나오자 아들은 엄마 수프에 후추를 넣어준다며 방글방글 기분이 최고이다.

돈가스가 나오고 아들은 "엄마 것 내가 잘라줄게."라며 목소리 톤까지 높아진다.

항상 동생을 챙기라고 맏이로서 책임감만 주고 어른 대접만 하던 엄마가 이렇게 둘이서만 시내까지 데리고 와서 맛있는 돈가스까지 사주며 둘만의 시간을 가지니 아들은 마냥 좋은 듯했다. 초등학교 4학년이면 아기인데 나는 아들에게 너무 일방적이었던 것 같아 미안한 마음이 들었다.

돈가스를 먹으며 "엄마. 아빠랑 수연이도 같이 데려올 걸 그랬어."라고 말하는 아들은 정말 너무 배려심이 많은 아이다. 이렇게 후식까지 맛있게 먹게 한 다음 물었다.

"명수야. 도장비 봉투가 카센터 밖 쓰레기통에 있던데 어떻게 된 건지 알아?" 아들이 고개를 푹 숙이는 것이었다.

그리곤 "엄마, 사실은 내가 탈의실에 가방을 놔두고 도장에서 검도를 하고 와서 관장님께 봉투를 드리려고 보니까 봉투가 열려있어서 돈을 세보니 돈이 많이 없어져서 엄마한테 말하면 엄마는 내가 조금만 잘못해도 무섭게 혼내니까 분명히 혼날 거라서 말 안 했어. 관장님한테 말하면 애들 앞에서 내가 바보 될 것 같아서 안 했고. 그런데 관장님이 어제 엄마한테 전화했다고 하셔서 무서워서 쓰레기통에 버렸어. 잘못했어요." 하며 눈물을 뚝뚝 떨군다.

'아! 나의 무지가 아이의 입을 막았구나' 싶었다. '죽어야 끝날 것 같다' 생각하고 '아이를 무조건 혼냈던 나의 모습이 아이를 이렇게 만들었구나.'라는 후회가 밀려왔다.

죽어야 끝난다는 어이없는 나만의 생각에 갇혀 나는 내 아이들을 망치고 있다는 죄책감에 몸 둘 바를 몰랐다. 이제는 생각을 바꾸어야 할 때라고 마음먹었다. 그런데 우리는 마음먹은 대로 무엇이든 그렇게 쉽게 되지 않는다. 마음먹었지만 내 마음은 해가 뜨면 다시 원상복귀다. 죽어야 끝날까? 그만하고 싶다. 힘들다. 지친다. 안 하고 싶다. 부정적인 마음들이 온통 새까맣게 들어선다. 끝내자, 끝내자.

육체의 고통도 힘들지만, 정신적 고통은 사람을 피폐하게 만든다. 최종의 목적지인 죽음으로 가기 위해서다. 하지만 나는 매일 조금씩 부정적인 가운데 긍정의 점 하나를 찍으려 수도 없이 노력하고 연습했다.

벽이 보이면 의식적으로 아이들의 얼굴을 떠올리고, 길을 가다 중앙선을 넘고 싶은 마음이 들면 '괜히 나 때문에 누군가가 피해 보면 안 되지.'라는 마음을 갖고, 저수지가 보이면 '수영 못하니 빨리 못 죽고 더 큰 괴로움이 있을 거야' 등 말도 안 되는 합리화를 지어내며 순간을 모면했다.

시간은 흘렀고 그렇게 죽어야 끝날까 하는 순간들도 과거로 돌아갔다. 지금 생각하면 '그렇게 의식적으로라도 합리화를 시키며 나 자신을 붙잡고 있었던 게 얼마나 다행인가.'라는 생각이 든다. 살아야 할 명분을, 이유를 찾으면 억지 합리화라도 하면서 살아지고 버텨지는 게 사람이 아닐까 생각한다. 죽음과 삶은 한 끗 차이이기 때문이다.

04
숨만 쉬는
사람

사람이 자기 생각 없이 그냥 습관처럼 일어나고 습관처럼 하루를 보내고 습관처럼 사는 것처럼 비참한 것이 있을까? 숨만 쉬고 사는 것은 시체와 같은 삶이다. 매일 일어나서 하는 일들이 다람쥐 쳇바퀴 돌 듯 밥하고 출장 다니고 아이들 케어하고 경리 업무 보고 세금이나 계약 건 해결하고 실내 세차하고 하루 24시간 중 최형숙을 위한 시간은 하나도 없다.

그야말로 화장실을 가도 맘 편히 볼일을 볼 수 없어 항상 조마조마한 상태로 핸드폰을 가져가서 출동서비스에 대기해야 했다. 나는 최형숙이 아니고 그냥 카센터에 사는 직원이고 아이들 엄마였다.

한겨울 날씨가 갑자기 추워지면 자동차들이 시동이 걸리지 않는다. 가스차는 가스가 얼어서 경유차는 경유나 연료펌프가 얼어서 시동이 걸리지 않으니 새벽 5시 30분부터 사무실로 내려와 출동서비스 지령을 내려야 한다.

잠도 깨지 않은 아이를 안고 내려와 보조석 의자 위에 담요에 싸안아서 앉혀놓고 전화를 받고 메모를 해서 밖에 나가서 대기

하고 있는 기사 및 예비 출동자에게 일일이 문자를 넣어주는 일은 물 한 모금 입에 넣을 시간조차 허락하지 않는 일 년에 몇 번 있는 한파에만 있는 일이긴 하지만 만만한 일이 아니다.

4살 딸아이는 옆에서 울면서 졸린다고 배고프다고 계속 칭얼거린다. 졸다 깨다를 반복하며 엄마 옆에 앉아있는 딸아이를 보며 아이를 위해서 이렇게 열심히 일하는데 정말 아이를 위하는 일일까 자꾸 반복 생각하게 된다. "엄마 배고파." 계속 오는 출동 전화에 대답해줄 시간도 없다.

딸아이는 칭얼거린다. "엄마, 엄마, 엄마……." 귀에는 딸아이 목소리가 들리지만, 전화 받고 메모하고 고객에게 전화로 위치 파악하여 대기 기사들에게 다시 문자를 넣어주어야 하는 과정에 딸의 말에 대꾸해줄, 대답해줄 짬이 안 난다.

잠깐 고개를 돌려보면 딸아이는 엄마를 부르다 부르다 지쳐서 담요에 싸인 채 잠이 들었다. 이런 일들은 한해 겨울에 한파 때면 항상 우리 집의 일상적인 풍경이다.

그나마 일곱 살 아들은 혼자서 밥 찾아 먹고, 옷 찾아 입고, 어린이집 가방 메고 사무실로 와서 꾸벅 인사를 하고 어린이집을 걸어간다.

가까우니 차 운행이 안 되는데 추운 날이면 엄마 마음은 태워다 주고 싶은데 하필이면 제일 바쁜 날이니 마음만 짠한 얼굴로 보낼 수밖에 없다. 어린이집 가방 메고 터벅터벅 걸어가는 아들의 뒷모습이 왜 이렇게 눈물이 나던지.

스물여섯 살이 된 아들이지만 지금도 아들의 뒷모습을 보면 어려서 미안함 때문인지 자꾸 눈물이 맺힌다. 언젠가 아들에게 그런 이야기를 했더니, "엄마 이젠 그런 거 잊어요, 난 엄마가 나한테 너무 잘 해준 것만 생각나서 고마운걸요. 엄마가 그런 마음이면 난 자꾸 죄책감이 들 거예요. 이젠 그런 마음 서로 갖지 마세요.”라고 말해주어서 또 한 번 감격의 눈물이 났었다. ‘짜식, 잘 컸구먼.’

이렇게 아이들조차 케어가 안 되고 가게를 중심으로 돌아가다 보니 카센터의 모든 일은 점점 나의 차지가 되어갔다. 갈수록 영역도 점점 더 넓어졌다.

우리 집 대장 기사인 김 기사는 일을 참 잘했다. 안 좋은 점은 기분이 안 좋거나 늦잠을 자면 아예 출근을 안 하는 버릇이 있었다. 출근을 안 하는 이유도 가지가지. 늦잠을 자서, 술을 먹어서 숙취 때문에, 아파서, 기분이 안 좋아서 등등, 참 가지가지다.

문제는 하루 전 손님에게 내일 차 고치러 오시라고 예약을 수시로 받아놓고 이튿날 출근을 안 하는 것이다. 손님들은 차 고치러 카센터 앞에 줄을 섰는데 예약받아 놓은 당사자는 출근도 안 하고 있으니 울화가 치민다.

다른 기사들은 무엇을 예약했는지 알 수 없으니 정비를 할 수도 없고 미치고 환장할 노릇이다. 참다 참다 차를 몰고 김 기사 네 집을 찾아간다. 집 앞에 차는 세워져 있으니 방 안에 있을 게 확실한데도 방문을 두드려도 조용하고 이름을 불러도 대답이 없고 적막강산이다.

방문을 벌컥 열어서 소리를 지르면 자다 부스스 깨면서 “네.”라고 대답한다. 주먹이 올라간다. “뭐 하냐? 얼른 일어나. 차 와서 정비 대기 중이다.” “네, 먼저 가세요. 금방 따라갈게요.” “정말이지? 아니면 안 된다." "걱정 마세요, 금방 갈게요."라는 말을 믿고 가게로 얼른 돌아와 점심준비를 한다.

점심을 먹고 나서도 김 기사 놈은 출근하지 않는다. 다시 속에서 불덩이가 치솟는다. 차를 끌고 김 기사한테 가보면 아직도 이불 속이다.

"김 기사, 너 내일부터 출근하지 마라. 오늘까지 돈 입금해 줄 테니까 출근하면 3대가 멸할 줄 알아."라는 악담을 남기고 돌아온다. 30여 분 후 오후 2시경 김 기사가 죽을상을 하고 출근한다.

그리곤 들어온 차를 말없이 또 열심히 일한다. 미치고 팔짝 뛸 일이다. 일하라면 안 나오고 나오지 말라고 하면 출근해서 열심히 일한다. 이 일을 어찌해야 한단 말인가?

쳐다보고 있으면 안쓰러운 마음에 또 부엌에 들어가 밥을 챙겨서 일하는 김 기사를 불러 밥부터 먹인다. 미운 놈 떡 하나 더 준다고 과일까지 챙겨 먹여서 작업장으로 내보낸다.

밥 먹고 나가는 길에 신발 신고 뒤돌아보면서 "사모님 낼부터는 절대 결근 안 할게요."라고 한다. 아이고, 저 말을 수백 번 하고도, 또 하는 데도 피식 웃음이 나온다.

사람이란 참 정이 무섭다. 아무리 속을 썩이고 결근을 하고 꼴통을 부려도 사과 한마디에 마음이 흐물흐물해지는 것 보면 말이다. 김 기사는 그렇게 내 속을 문드러지게 썩이면서 3년을 있었다. 김 기사 덕분에 나는 갑상선 수술 4년 차에 다시 재발하는 일이 벌어졌다.

나중에 퇴사할 때 돈 50만 원 주면서 "어찌 됐든 우리 가게에서 일하느라고 고생했다. 어디 가든지 잘하고, 네 덕분에 내가 이렇게 돈 벌고 살았으니 너무 고맙고, 나가서 보약이라도 한

재 지어먹으라고 주니……” 또 덩치 큰 녀석이 눈물이 그렁그 렁하다.

‘그럴 것이면 있을 때 잘하지.’ 이렇게 기사 관리도 어느새 내 영역으로 들어와 난 사람관리까지 하는 만능우먼이 되어갔다.

또 카니발이 처음 출고되어 시내에 몇 대 다니지 않을 때 우리 집에 펑크 수리를 하러 들어왔다. 우리 카센터 위치가 도로보다 경사진 위치에 있어 입구에서 경사진 주차장에다가 차를 주차하 고 펑크 수리를 해야 하는 구조이다. 그날 출근한 지 3일 된 한 기사에게 펑크 수리하라고 하니, 손님이 차 주차를 잘못했다고 한 기사가 다시 차에 타서 주차를 반듯하게 하고 작기를 떠서 타 이어를 들어 올렸다.

펑크 수리를 하려는 순간, 카니발 차가 뒤로 슬금슬금 물러나 기 시작하는 것이었다. 주위에 있던 사람들이 당황하여 카니발 차 트렁크 부분에 가서 잡기도 하고 소리도 지르는 사이 다행히 도로로 나가지 않고 카센터 앞 전봇대에 후미 부분을 들이박고 멈추어 섰다.

도로로 나갔으면 대형사고가 났을 텐데 마침 신호가 바뀌어서 차도 다니지 않았고 더 다행인 건 전봇대에 부딪혀서 정지하였 으니 천만다행이다. 이제 막 임시 번호를 단 새 차를 펑크 수리 한번 하려다 후미 전체가 다 나가버린 것이다. 너무 놀란 한 기 사는 얼음이 되어있고 옆에 있던 내가 차를 다시 카센터 앞 주차 장에 주차하고 사이드브레이크를 올렸다.

정비를 배운지 얼마 안 된 한 기사가 카니발 주차를 하고 비탈 길에 사이드 주차 브레이크를 잠그지 않고 그냥 작기를 떠서 펑크 수리를 하려고 하니 차가 뒤로 밀린 것이다. 나는 사람이 다치지 않고 큰 사고가 아니니 손님한테 양해 구하고 수리해주면 되니까 걱정하지 말라고 놀라서 떨고 있는 한 기사를 다독였다.

손님한테는 죄송하다고 사과하고 렌트를 해 드리겠다고 하니, 무슨 말씀이냐고 알아서 다닐 테니 걱정하지 말고 차 수리만 해주시면 된다고, 자기가 죄송하다고 사과를 한다. 참 고마운 고객이었다.

한 기사에게 얼른 펑크를 수리하라고 하니, 못하겠다고 잠깐만 쉬겠다고 사무실로 들어갔다. 그러려니 하고 카니발을 1급 공업사에 입고시키고 왔다 갔다 하다 보니 한 기사가 안 보인다.

남편에게 한 기사 어디 갔느냐고 물으니 모른단다. 전화해도 받지 않는다. 좀 전까지 죄송하다고 열심히 하겠다던 녀석이 사라진 것이다. 이튿날도, 그 이튿날도 한 기사는 잠적하고 사라졌다. 3일 일한 임금이라도 받아가라고 연락을 해도 받지 않는다.

며칠 후 온 문자 한 통. "사모님 저 입사했다고 사주신 작업복 몰래 카센터 앞에 갖다 놓고 갑니다. 뵐 면목이 없어서 도망갔어요. 정말 죄송해요." "한 기사, 살다 보면 이것보다 더 큰 일도 많아. 사람 안 다치고 앞으로 한 기사가 우리 집에서 열심히 일해서 돈 많이 벌어주고 한 기사 기술 많이 배워 가면 그게 미안한 거 같는 거야. 정 마음 안 내키면 일 안 해도 되니까 부담 갖지 말고 나중에라도 꼭 놀러 와, 맛있는 밥이랑 커피 줄게. 달콤한 커피믹스 좋아하잖아."라고 답장을 보냈다.

이렇게 사람들, 특히 기사들을 관리하는 건 내가 갑상선이 재발할 정도로 무척이나 스트레스받는 일이다. 사람에 대한 믿음이 줄어들고 일에 대한 부담감은 늘어가니 나란 사람은 정말로 없어지는 단계들이 이어질 때 난 정말 아무것도 아닌 숨만 쉬는 사람이었다. 매일 해일처럼 밀려오는 상황들에 압도되어 죽지 않고 숨만 쉬고 있는 그런 물체였다.

사람이 어떻게 숨만 쉬고 살 수 있겠냐고 하겠지만 나는 정말로 숨만 쉬는 상황, 상황들을 모면하기 위해서 사는 사람이었다. '어떻게 그 시간을 견뎠을까?'라는 생각을 해보면 그래도 나에게는 아이들이 있었고 나의 정신적 지주였던 엄마가 있었기에 숨만 쉬는 그 상황에도 살아남을 수 있었던 것 같다.

나는 삶을 강의합니다

0.5

누구나 내 삶이
제일 아프다

사람은 남의 눈의 대들보보다 내 눈의 티끌이 더 아픈 법인가 보다.

1995년 아들 돌 지나고 여름, 갑상선 수술을 한 지 한 달여 지나서 남편은 바람을 쐬주겠다고 했다. 옆집 민정이네랑 놀러 가자며 민정이네의 르망 승용차에 민정이네 세 식구, 우리 세 식구가 타고 목계강으로 놀러 가는 중이었다.

앞서가던 바퀴 16개 달린 15톤 트럭이 자꾸만 이리저리 움직이며 가는 것이다. 우리는 불안한 마음도 있지만 놀러 간다는 마음에 신경 쓰지 않고 15톤 트럭을 추월해서 달렸다.

목계 정류장을 지나는 순간 뒤에서 달리던 15톤 트럭이 우리가 타고 가던 르망 조수석을 추돌하면서 앞에 있던 정류장을 들이박고 멈췄다. 르망은 차 유리서부터 모두 박살 나고 나의 왼손은 피투성이가 됐다.

나는 아들을 보호하느라 가슴에 꼭 안고 손으로 아들의 머리를 감싸 안았다. 그러다 보니 나의 왼손이 젤 많이 다친 것이다. 우리는 119를 타고 병원으로 이송됐다. 다행히 민정이네 식구도, 남편과 아들도 유릿가루가 박히고 타박상만 입었을 뿐 경상에 그쳤다.

하지만 나의 왼손 중지는 인대가 끊어져 손가락이 자꾸 손바닥으로 구부려지는 게 아니라 손등으로 뒤집히는 것이었다. 의사는 응급실로 들어가서 바로 수술을 시작했다. 인대를 잇는 수술이란다. 부분 마취를 하고 수술을 하고 두 달 있어야 붙는다고 한다.

그때부터 나는 병원 생활을 해야 했다. 같은 병실에는 주로 교통사고 환자들이 들어왔다. 다들 깁스를 하고 가슴에 척추 보호대를 하고 다니는 사람들 천지였다. 밤이면 다리 수술을 한 사람들은 통증이 심해져 통증을 호소하는 소리를 지르며 진통제를 놔달라고 호소한다. 갈비뼈가 부러진 사람들은 움직이다가 조금만 삐끗하면 비명을 지르고 기침을 해도 고통을 호소했다.

우리 방에 의사 선생님이 회진을 돌 때면 나는 그냥 가만히 앉아있다. 병실 모든 사람이 다 아프다고 푸념을 하니까. 팔이 부러진 환자도, 갈비뼈가 나간 환자도, 오토바이에 얼굴을 몽땅 갈아엎어 온 환자도 다 자신이 제일 많이 아프다고 하소연한다. 의사 선생님은 말씀하신다. 이 방에서 제일 아픈 사람은 최형숙 환자입니다.

그렇다. 사람들은 육체적 통증조차도 자신의 아픔이 젤 크다고 느낀다. 하다못해 가시에 찔리더라도 얼마나 아프고 괴로운가?

어느 날 나는 깨지 말았으면 좋겠다는 생각을 하고 아침이 되어도 눈을 뜨지 않고 있었다. 계속해서 그냥 이대로 깨지 말자, 또 하루를 어떻게 보낸단 말인가? 이제 눈 뜨고 싶지 않다고 백번은 외친 것 같다. 정신이 육체를 통제하는 건 정말 무섭다. 계속 그런 주문을 외우니 정말 아들이 엄마 밥 달라고 하는데도 눈이 뜨이지 않았다. 딸아이가 엄마 아파? 하고 묻는데도 입이 떼어지지 않았다. 정말 너무 편하다는 쉬고 싶다는 생각이 들어서인지 물 위에 떠 있는 평온한 상태가 되었다.

그러다 문득 나는 이렇게 편한데 내 아이들은 어떡하지? 밥은? 학교는? 가게는? 기사들 밥은? 이번 달 세금은? 이런 쓸데없는 생각에 한순간 나는 벌떡 일어나고야 말았다. 나는 나를 매순간 삶의 바닥으로 끌어 내렸다.

그러니 무엇을 해도 아팠다. 무엇을 해도 불행했다. 무엇을 해도 재미없었다. 무엇을 해도 의무감으로 해야만 하는 상황이었다. 남들은 다 행복한데 왜 나만 이렇게 힘들까? 돌아보면 그 모든 상황을 내가 만들어 놓은 것인데 그 속에서 나는 아무것도 할 수 없는 올가미에 갇혀서 살았던 것 같다.

한 해의 마지막 날 밤, 우리는 소박하게나마 4식구가 모여 통닭을 시켜놓고 새해 서로의 소원을 이야기한다. 초등학교 4학년 아들의 소원은 아빠가 출동서비스를 나가시지 않고 4식구가 밥을 끝까지 먹는 것이고, 초등학교 1학년 딸아이는 온 가족이 찜질방에 가서 삶은 달걀이랑 식혜를 먹어 보는 게 소원이라고 한다.

모처럼 가게 문 닫고 출동서비스만 다니는 날이면 네 식구가 같이 밥상에 앉아 밥을 먹는다. 특히 아들은 밥 먹는 중간중간에 엄마, 아빠를 쳐다보며 자꾸 웃는다. 왜 웃느냐고 하면 그냥 좋단다.

딸아이는 조잘조잘 별 이야기도 아닌데 계속 입을 가만히 놔두질 않는다. "엄마, 아까 집 앞에 개미가 소풍을 가는데 너무 더울까 봐 내가 물을 갖다가 부어줬는데 개미가 갑자기 다 자기 집으로 들어가서 안 나와, 목마를까 봐 물 준 건데."

아들이 "개미들이 네가 공격하는 줄 알았나 보다." "아냐 나 공격 안 했어." "아빠, 나 진짜로 공격 안 했어. 내일 개미한테 공격 안 했다고 말해 줄 거야" "오빠가 수연이 도와줄게, 사탕 가져다가 입구에 놓으면 개미들이 널 찾아올 거야."라든가.

"엄마, 오늘 학교 앞에서 우리 반 남자애가 내가 작다고 꼬맹이라고 놀렸어. 눈물이 났는데 내가 꾹 참았잖아. 나 용감하지? 다음에 또 그러면 엄마가 와서 혼내줄래? 난 남자애들이 싫어. 못됐어. 나쁜 애들이야. 그렇지 오빠?" "남자애들이 나쁜 게 아니라 그놈들이 못 된 거야. 오빠가 내일 교실에 가서 때려줄까?" "아니야 다음에 또 그러면……."

밥 먹으면서 둘이서 참, 말을 많이 한다. 아마도 엄마 아빠가 같이 못 해주니 아들이 동생의 보호자라 생각하나 보다.

항상 엄마의 자리를 대신 해주었던 아들이다. 초등학교 1학년부터 엄마가 바빠서 미처 저녁을 못 챙겨 주면 동생이랑 콘플레이크에 우유를 타서 동생이랑 먹고, 동생 양치질시켜서 자장가 불러서 재워주던 아이다.

유난히 동생에 대한 애착이 참 많았던 아들은 엄마인 나보다 더 노심초사 여동생을 챙겼다.

지금은 다 커서 무심한 척하지만, 동생에게 무슨 일이 생기면 얼마나 의젓하게 나서서 해결하는 해결사인지도 모른다.

그만큼 동생을 믿기에 "엄마 자꾸 수연이 아기처럼 걱정하지 마세요. 수연이 정말 똑똑하고 생활 잘하는 아이예요. 주위를 들러 봐도 수연이처럼 씩씩한 아이 흔치 않아요."라고 위로해준다. 그런 아들의 말에도 난 자꾸 딸이 아기처럼 느껴져 또 애잔한 마음을 가슴에 담는다.

이렇게 소풍 와서 들뜬 아이들처럼 어쩌다 네 식구가 밥 먹는 날이면 아이들 기분은 붕붕 날아다닐 듯이 톤이 높아진다. 남들은 평범하게 매일 할 수 있는 것들을 우리 식구들은 연례행사도 못 하고 살았다. 돈은 있으나 시간이 허락하지 않았다.

지금도 그것이 아이들한테 제일 많이 미안하다. 그럼에도 불구하고 잘 자라준 아이들이 너무 고맙다.

이렇게 사람은 육체적이든 정신적이든 남의 고통보다는 자신의 작은 아픔일지라도 제일 큰 통증을 느끼며 산다. 통증은 주관적이기에 내 문제가 제일 크고 내 아픔이 젤 아프다 느끼며 살아가는 것 같다.

06
나를
사랑해보니

12년 전 아들이 중학교에 입학했던 때 나는 정말 극단적인 생각을 한 적이 있다. 눈 뜨지 않으려 애를 쓰면 쓸수록 정신은 더욱 또렷하고 몸이 말을 듣지 않았다. 이젠 정말 너무 힘들어 끝내고 싶다고 생각했다.

마침 아들이 옆에 와서 걱정스러운 말투로 "엄마 119라도 부를까? 엄마 죽지 마, 엄마 내가 더 잘할게. 엄마 눈 좀 떠봐, 나좀 봐줘."라며 흐느끼는 것이다. 순간 정신이 번쩍 들었다.

내가 이 아이들을 두고 무슨 짓을 하는 것인가? 내가 엄마라는 사람이 할 짓인가? 너무 미안함에 눈도 못 뜨고 눈물만 났다. '그래 다시 한번 시작하자.'라는 생각이 들었다. 그날로 나는 친구의 소개를 받아 상담 교수님을 내 발로 찾아갔다.

이 교수님은 참 냉정한 분이었다. 내가 상담실 문을 열고 들어가니 책이 천장까지 쌓여있었고, 50대 후반의 안경을 쓴 완전 학자 타입의 교수님이셨다. 왠지 모르게 밥맛 없다는 생각이 확 밀려왔다.

얼굴을 찡그리며 들어선 상담실. 교수님은 의자에 앉으라고 하시더니 차를 한 잔 주겠다고 하신다. 차를 주신다던 교수님은

나는 삶을 강의합니다

한참이 지나도 저쪽 커피포트 있는 곳에서 움직이질 않는다. 내 담자를 앉혀놓고 뭐 하는 짓인가? 교수라고 잘난 척해 보겠다는 것인가? 기 싸움하는 것인가? 짧은 순간에 별의별 생각이 다 든다. 한참 있다가 허브차 한 잔을 유리잔에 담아 내 앞에 놓으시며 "왜 오셨나요?"라고 묻는다.

왜 오다니? 당연히 고민이 있으니 상담받으러 왔지. '이 사람 교수 맞나?'라는 생각이 머리를 스친다.

"요즘 힘들어서요." "뭐가 힘든데요?"

"그냥 뭐든지 다 힘들어요. 사는 것도 힘들고 내가 뭐 하는 짓인가 싶고요. 남편도 맘에 안 들고, 기사들도 맘에 안 들고, 아이들도 맘에 안 들고 다 맘에 안 들어요. 그냥 눈 뜨기 싫은 날이 매일이라서 왔어요."

내 대답에 가만히 나를 들여다보고 아무 말도 없다. 한참 후 또 묻는다.

"뭐가 젤 힘든데요?" "모르겠어요, 그냥 힘들어요." "그렇군요. 많이 힘들군요." 또 말이 없다. 미치겠다. 상담이 워낙 이런 건가? 한참 있으니 또 묻는다.

"그럼 힘든 가운데서 그나마 즐거운 게 뭐예요?" "즐거운 거…… 글쎄요, 아무래도 아이들은 예쁘죠. 공부도 잘하고 아이들이 모범생이에요. 잔소리할 게 별로 없어요."라고 했더니,

"제가 지금부터 최형숙 씨를 상담이 아닌 코칭 좀 하겠습니다."라는 것이다.

"지금 당신은 아이들 등에 빨대를 꽂고 쪽쪽 빨아먹고 있는 거예요." "예? 내가 왜요? 아이들한테 얼마나 잘 해주는데요. 내

가 힘들어도 아이들 하고 싶다는 거, 갖고 싶다는 거, 먹고 싶다는 거, 다 해 주는데 무슨 빨대를 꽂아요?"

"빨대도 플라스틱도 아니고 알루미늄 빨대를 꽂고 식구들을 말려 죽이고 있잖아요." "뭐라고요? 말 다 했어요? 무슨 근거로 그렇게 말씀하시는 건데요? 한 시간에 10만 원 돈을 받았으면 돈 받은 값어치를 해야지 어디서 말도 안 되는 중상모략을 하세요?"라고 따져 물었다.

교수님은 "당신은 행복하신가요?" "불행하지는 않아요."

"아니 행복하냐고 질문했습니다." "불행하지는 않다고요."

"다시 한번 묻지요. 당신은 자신이 행복하신가요?" "교수님 전 불행하지 않아요. 단지 힘들어서 죽고 싶고 눈 뜨고 싶지 않을 뿐이에요."

아마도 난 내가 불행하다고 말로 하면 자존심 상할까 봐 끝까지 교수님과 기 싸움을 한 것 같다.

교수님은 "가만히 당신 가슴에 손을 얹고 불행하지 않다가 아니라, 내가 행복한가를 물어보세요, 내 마음에서 '난 행복해.'라는 아주 작은 목소리라도 들린다면 당신은 행복한 것입니다."라고 말씀하셨다. 20여 분간 나 자신이 가만히 나를 들여다보니 난 행복하지 않다는 생각이 들었다.

문득 "교수님 행복이 뭐예요? 내가 행복하려면 어떻게 해야 하는 건데요? 전 지금 한 번도 행복해 보지 않은 사람처럼 행복의 형체가 잡히지 않아요. 방법도 생각나지 않고 마치 처음 말 배우는 아이처럼 행복이 뭔지 설명을 못 하겠어요. 교수님 나 자신이 행복하려면 어떻게 해야 하는데요?" "자신이 좋은 걸 하면 돼요"

"바빠 죽겠는데 어떻게 좋은 걸 해요. 기사들 밥도 해주고 아이들도 케어하고 가게 전반적인 업무도 봐야 하고 바쁘면 출장도 다녀야 하는데 언제 나 좋은 걸 하나요? 말도 안 돼요."

"그럼 그냥 식구들한테 빨대 꽂고 말려 죽일 건가요?" "아니 왜 자꾸 제가 식구들에게 빨대 꽂는다는 말을 하세요? 저는 그런 적 없습니다. 교수님 기분이 안 좋아요."라고 했다.

"당신의 그 힘들다는 것이 어디로 갈까요? 아이들은 엄마가 항상 힘들고 예민해 있으니 엄마의 짜증을 받지 않기 위해서라도 온 가족이 다 같이 예민해 있겠지요. 남편분도 일 안 하게 혼자 다 해놓고 일 안 한다고 뭐라고 하는 건 모순 아닌가요? 길거리 나앉지 않는데 왜 이리 식구들을 들볶으며 아등바등 살고 계십니까? 내가 마음이 편안하고 행복해야 주위의 사람들도 같이 편안해지는 겁니다. 식구들에게 무엇이든 다 해주고 짜증 부려서 빨대 꽂지 말고 자신이 행복하고 주위에 너그러워지는 게 훨씬 현명하고 행복하게 사는 방법입니다. 남편이 술 같이 먹는 거 좋아한다고요? 그런데 한 번도 안 먹었다면서요. 왜요? 술 같이 먹으면 죽어요? 남편이랑 같이 술 먹고 응급실 한번 다녀오면 되잖아요. 남편이 그렇게 원하는데 그런 것도 못 해줘요? 나 같으면 우리 집사람이 같이 술 먹는 게 소원이라고 하면 죽더라도 먹겠구먼, 당신은 술을 못 먹는 게 아니라 먹기 싫은 거잖아요. 뭐든지 이기적으로 내가 옳고 내 말대로 해야 하고 내가 최고라는 아집이 장난 아니구먼. 식구들이 얼마나 힘들겠어요?"라고 하신다.

그래 술 먹는다고 죽는 것도 아닌데 그렇게 같이 먹자고 하는데 죽자고 안 먹고 버틴 나도 참 대단하다. 나는 처음 알았다. '식구들이 나 때문에 힘들 수도 있었겠구나.'라는 생각을 한 것이.

그 뒤로 난 9개월 동안 매주 한 번씩 상담을 받으러 다녔다. 상담이 아닌, 나 아닌 상대방의 마음을 이해할 수 있는 코칭을 받았다고 하는 게 맞을 것이다. 교수님에게 두 번째 상담시간에 질문했다.

"정말로 내가 행복하려면, 내가 좋아하는 걸 하려면 어떡해야 하나요?" 아무 대답도 해주지 않고 그냥 알아서 하라던 교수님은 내가 너무 심각하게 계속 질문을 하니 "아주 쉬워요. 시간도 경비도 많이 들지 않아요. 슈퍼에 가면 남편 것, 아이들 것 사고 남으면 내 것 사잖아요? 지금부터는 순서를 바꾸는 거예요. 내 것 먼저 사고, 그다음 가족들 것을 사는 겁니다. 예를 들어 내가 요플레가 먹고 싶으면 요플레 제일 먼저 사고, 그다음 남편과 아이들 먹을 고기 사고 과일 사고 이런 식으로 항상 나를 제일 먼저 순위에 놓는 거예요. 옷을 사도 아주 작은 것이라도 내 것 먼저 사고 그다음 가족이나 다른 사람의 것을 사는 거예요. 그럼 나도 모르게 내가 나를 사랑하게 되고 자존감도 올라가요. 한번 해볼래요?"라고 하셨다.

그날부터 나는 어디를 가든 무엇을 하든 나를 첫 번째에 두고 생활했다. 무엇을 하든 내 것을 먼저 하니 당연히 언제부터인가 나 먼저 챙기게 되는 것이 습관이 되기 시작하였다. 그렇게 내가 나를 사랑해보니 주위의 모든 것이 변하기 시작했다.

코칭을 받으면 집에 와서 바로 행동으로 옮겼다. 사람인지라 자꾸 예전의 습관으로 돌아가려 하면 나는 다시 리셋을 해가며 상담 교수님이 해주셨던 코칭을 하나둘 실천해갔다.

매번 가면 나는 아이들 얘기, 남편 얘기, 시댁 얘기, 친정 얘기,

나는 삶을 강의합니다

친구 얘기, 사업 얘기 기타 등등, 6개월이 지나서야 나는 내 속의 내 이야기를 하기 시작했다.

별것도 아닌 것을 가지고 교수님과 피 튀기는 논쟁을 벌인 적도 많고 매번 싸움하고 오기 일쑤였다. 그 가운데서도 교수님의 코칭은 나를 조금씩 변해가도록 만들었다.

교수님은 '내가 상담을 그렇게 오래 많이 했는데 자기를 6개월에 걸쳐 내보이지 않는 고무줄보다 질긴 사람은 처음 봤다.'라고 하셨다. 6개월이 지나 내 이야기를 하면서 나는 나를 들여다보기 시작했다.

어쩌면 나는 나를 들여다보기 싫어서 6개월이란 시간을 끌고 끌었는지도 모른다. 상담이란 것은 참 많이 힘들고 아프고 괴로운 작업이다. 자신의 좋은 점만 보는 게 아니라 자신의 단점도, 제일 싫어하는 모습도, 자기의 자존심 상했던 순간도, 기억하기 싫은 힘듦의 시간도 같이 들여다보고 여행을 하기 때문이다.

7개월째부터는 코칭이 아닌 상담을 해주시기 시작했다. 나를 온전히 들여다보고 왜 그런지를 알아보는 작업은 고통스러운 작업이기도 했다. 하지만 나는 아들을 위해, 딸아이를 위해, 그리고 무엇보다 나 자신을 위해 변화하기로 마음먹었기에 참고 견디며 버티며 이겨냈다.

무의식을 들여다보는 것들은 무섭기도 했다. 그래도 엄마라는 이름으로, 최형숙이라는 이름으로 거듭나는 고통은 쾌감을 동반했다. 어느 날 교수님이 상담 공부를 해보지 않겠느냐고 권하신다. 다름 아닌 나 자신을 위해서 해보라고.

충주 교통대학교 평생교육원에서 초급 심리 상담, 중급, 고급까지 3년에 걸쳐 평생교육원 심리상담사 1급을 취득했다. 그런데 이왕이면 전공을 하고 싶다는 욕심이 생겼고, 4년제 서울디지털대학교 상담심리학과에 정식으로 입학했다. 공부를 병행하며 상담을 하려면 말도 잘 해야 할 것 같아서 토론 스피치를 배웠다.

그러고 보니 웃음 치료 지도자 및 레크리에이션도 하면 상담하는 데 훨씬 수월할 것 같아 배우고, 요즘은 탑골 공원 등 텔레비전을 통해서 본 노인의 성이 심각하다는 생각에 노인 성전문 지도사도 공부했다. 그 밖에 무엇이든 상담에 관계된 것이라면 서울을 비롯한 천안, 부산, 청주 등 전국을 다니며 지금 10년째 배우고 있는 진행형이다.

이제 상담에서 한 발자국 앞으로 나아가 시니어 쪽에 열중하고 청소년 생명존중 강의에도 열중한다. 그 외에 웰다잉을 비롯한 여러 강의를 하고 다닌다. 나 자신을 사랑해보니 편안해지고 삶의 질이 달라졌다. 이제 나는 제2의 인생을 산다. 나는 모든 사람에게 말하고 싶다.

나 자신을 사랑해보니 또 다른 행복의 삶이 기다리고 있다고……

나는 삶을 강의합니다

일상이
감사임을

아침에 눈을 뜬다. 예쁘고 잘 생긴 강아지 애디가 옆에 착 붙어서 애교가 만점이다. 앞발을 내 귀 옆에 놓고 애디 얼굴을 갖다가 들이댄다. 아침이 시작된 것이다.

겨우 내내 보건진료소 경로당 인지 재활 강의를 다녔다. 딸아이가 입학을 앞두고 집에 있어서 스텝으로 같이 다녔다. 아르바이트를 엄마와 함께 경로당에서 겨우내 할머니들과 같이 보냈다. 보건진료소가 있는 경로당은 거리가 꽤 되는 시골의 경로당이다.

할머니들이 아프면 병원에 가는 게 힘들어서 진료소에 전화하면 보건진료소 소장님이 약을 지어서 배달까지 해주신다. 오셔서 어르신들 손도 잡아 주고 이야기도 들어주신다. 시골 진료소는 약 짓고 건강만 챙기는 게 아니라 마음까지도 어루만져 주시는 것 같다.

딸아이가 처음엔 할머니들의 거친 대응에 당황도 하고 속상해하더니 몇 번 지나더니 이제는 할머니들 틈에 끼어 같이 내 강의를 들으며 깔깔거린다. 할머니들은 딸아이가 오는 것만으로도 예뻐 죽겠다고 하신다.

"꽃 중에 사람 꽃인 인화가 최고여. 얼마나 예뻐. 웃어도 예쁘고 가만히 있어도 예쁘고 조잘조잘 떠들어도 예쁘고 진짜 예쁜 꽃이여." 이렇게 내 딸은 할머니들의 사랑을 듬뿍 받으며 꽃 역할을 독특히 했다.

예전 같으면 딸아이랑 같이 강의를 다니는 건 꿈도 꾸지 않았다. 시간도 없었지만, 내 모습을 가족에게 보인다는 건 왠지 가식을 떠는 것 같다는 생각이 들어서였다. 하지만 겨우 내내 같이 강사와 스텝으로 마음을 맞추며 다니다 보니 지금은 눈빛만 봐도, 그리고 제일 신뢰하는 사이가 된 것 같아 제일 행복하고 감사하다.

경로당에 딸아이와 선희 선생님과 같이 들어갔다. 넉살 좋은 선희 선생님은 어머니들 손을 잡고 왜 이렇게 차갑게 하고 다니시느냐고 잔소리다. 어머님들은 잔소리한다고 말로는 하지만 그래도 선희 선생님의 관심이 좋은 듯 싱글벙글한다. 딸아이는 조용히 스크린이며 빔들을 설치한다.

할머니들은 딸아이의 기운만으로도 예쁜지 또 칭찬이다. "엄마 딸 아닌 거 같네. 어찌 저렇게 예뻐. 세상에 웃는 얼굴 좀 봐. 복이 그냥 들어 올 거 같네. 저런 딸을 어찌 낳았데, 선생님이 진짜 엄마여?"라고 물으신다. "그럼요. 저희 엄마 맞아요. 똑같이 생겼잖아요. 전 엄마 닮아서 좋아요."라고 응수한다.

할머니들은 딸아이가 결과 보고 때문에 사진을 찍으면 유독 활짝 웃어주신다. 자연스럽게 해야 하는데 그게 잘 안되시는 것 같다. 잘 보이고 싶은 사람에게 신경 쓰이듯, 아직 젊다는, 어리다는 이유만으로도 할머니들의 관심 덩어리다.

딸아이랑 강의를 다녀오다 남한강 강가에 차를 세웠다. 겨울

나는 삶을 강의합니다

햇살에 비추는 물비늘의 아름다움을 한참 같이 감상하는데 "엄마. 내가 학교 가고, 또 나중에 내가 정말 참을 수 없을 만큼 힘든 일이 온다면 난 아마도 오늘 엄마랑 본 이 남한강 물비늘의 아름다움을 생각하며 잘 참을 수 있을 거야, 나에게는 엄마와의 추억 하나하나가 재산인 거 같아. 엄마 고마워, 아프지만 말고 오래오래 엄마의 재능을 할머니들에게 주세요. 엄마는 일등 강사야, 할머니들의 인기를 어쩔 거야. 할머니들은 엄마의 강의를 통해 무엇을 배우기도 하지만 위로를 많이 받고 힘을 내는 거 같아. 엄마 오래오래 할머니들과 같이 해줬으면 좋겠다는 생각이 요즘 스텝으로 다니며 느끼는 점이야. 엄마의 다른 강의도 재밌고 잘하지만."

나에게는 어떤 칭찬보다도, 누구의 피드백보다도 가슴 벅찬 말이다. 나의 딸이 나의 강의를 인정하고 나를 강사로 계속 있어 달라고 한다. 고맙고, 감사하다. 물비늘 한번 보는 것만으로도 우리는 감사할 것이 넘쳐난다.

"엄마. 나 진짜 열심히 살 거야. 그냥 대충 대충이 아니라 진짜 열심히. 엄마를 보면 시간을 초 단위로 나누듯 사는 게 옆에서 볼 때 숨 막혀 보였는데 엄마 강의를 따라다니며 엄마의 생활을 보니 엄마는 숨 막히게 사는 게 아니라 계획적으로 열심히 사는 사람이었어. 진짜로 열심히 지속해서 사는 사람. 나도 그렇게 살도록 노력해볼게."

"수연아. 열심히는 살되 '잘'이라는 글자는 빼고 살아야 해. '잘'이라는 말이 들어가면 욕심이 생기고 내 실력보다 더 버거운 일이 일어나. 그럼 지치고 힘들어서 포기하게 되는 거야. 엄마는 그냥 욕심부리지 않고 내가 할 수 있는 것을 시간 아껴가며 매일 반복하는 거지. 그런데 그 반복이 똑같은 반복은 없다는 거지. 수연이가 욕심내지 말고 천천히 수연이 속도대로 갔으면 좋겠어. 다른 사람보다 잘하려고 너무 고민하지 말고 지금의 수연이보다 조금씩 나아지면 되는 거야. 할 수 있지?"

이렇게 딸아이와 공감하는 일들이 늘어남에 따라 내 강의에 대한 자신감도 늘어갔다.

세상에서 제일 인정받기 힘든 사람들이 가족이라고 한다. 나의 단점을 제일 많이 알고 있기에 내가 무엇을 할 때 이중 잣대가 되면 난 이중인격자가 되기 때문이다.

제2의 인생을 살다 보니 가족들의 응원이 참 든든하고 감사하다. 카센터에서 기사들 밥해줄 때 밤 9시에 가게 문 닫고 그때부터 150포기의 김장을 혼자 다듬고 절이고 씻어서 속을 만들고 버무리는 3일 동안 아무도 나를 도와주는 사람은 없었다.

아침에 기사들 출근하면 간식을 주고 점심 해주고 저녁을 해주고 아이들 케어하면서 김장을 3일씩 하는 건 죽음이었다. 그래도 옆에서 반찬 투정하던 남편이 얄미워 정말 가자미눈을 뜨고 노려보기도 했다. 사는 게 아니라 버틴 시간이 이제는 나에게 보상이 되어 돌아온다.

평생 부엌에 들어가면 죽는 줄 알고 부엌 근방에는 얼씬도 하지 않던 남편이 이제는 집안일도 곧잘 하고 설거지도 담당으로 잘해놓는다.

지난 충주 시민 걷기대회에서 오프닝 레크리에이션 의뢰가 와서 진행하게 되었다. 난생처음 남편에게 무술공원에서 오프닝을 하니 시간 되면 와서 보라고 했다. 700여 명이 모인 자리에서 수선 선생님이랑 율동을 해가면서 유쾌하게 레크리에이션을 하고 집에 오니 남편이 그렇게 손을 흔들었는데도 모르더라고 한다. 온다고 했으면 유심히 봤겠지만, 남편이 진짜로 올 거라고 생각도 못 한 부분이다.

와이프가 강의를 한다고 돌아다니고 이것저것 행사 사회를 본다고 돌아다니는데 도대체가 어떤 일을 하는지 궁금했을 남편이 잠깐의 오프닝 레크리에이션을 보고 나서는 이제는 전적으로 밀어주는 지지자가 되었다. 당신이 그렇게 잘하는 사람인지 몰랐다고, 매일 뭘 배운다고 돌아다니길래 화도 나고 그랬는데 지금 보니 정말 열심히 사는 사람이 당신이었다고.

감사하면서도 서운한 마음이 든다. '진작 내가 카센터에서 그렇게 열심히 살 때 나 좀 인정해주지, 내가 정말 죽을 것 같은 사점에 있을 때 말이야.'라는 원망이 안 들었다면 거짓말일 것이다.

지금은 나의 사무실에 들어와 커피 한잔 마시며 책을 읽는 것도 무한한 행복임을 느낀다. 공부하는 것도 너무 행복하고 음악 틀어놓고 어르신들과 같이 출 춤을 연습하는 것도 재밌고, 교육센터 선생님들과 강의 교안에 관한 토의를 하는 순간도 너무 즐겁고 행복하다.

이젠 모든 것들이 다 감사함으로 다가오고, 그 감사함으로 행복이라는 선물을 매일 매일 받는 일상이 행복 그 자체다. 그냥 모든 일상이 감사하고 행복하다.

제3장

욕쟁이 어르신들 앞에서

01

입에 걸레를
물고 계시는가?

경로당 수업을 가는 날, 한 군데 수업하고 나서 옆 동네로 가는 길에 힘들어서 버스 정류장에 정차하고 잠깐 쉬고 있는 사이, 내 차 앞으로 시내버스 한 대가 와서 선다.

할머니 두 분이 내리길래 그런가 보다 하고 있는데, 갑자기 할머니들이 내 차로 오더니 "십팔 지랄 맞았다고 차를 버스 정류장에 대고 지랄이여, 다리도 아파 죽겠는데 스무 발자국은 더 걷게 생겼어, 쌍년들 때문에." 태어나서 그렇게 짧은 순간에 그렇게 많은 욕을 먹어 보긴 처음이다.

"할머니 죄송합니다."라고 몇 번을 사과해도 욕을 끝도 없이 하신다. 어째 그리 많은 욕을 알고 계시는지……

경로당에 가서 만나면 어쩌나 하는 마음으로 수업하러 경로당에 가니 이장님이 내 손을 붙잡고 말씀하신다 "선생님 우리 마을 어르신들 수업 좀 잘 좀 부탁드려요. 이제껏 우리 동네에 강사분이 한 번은 오시는데 두 번 오신 분은 없어요. 이번에는 프로그램 다 끝나게 잘 좀 부탁드려요."라고 하신다.

걱정하지 마시라고 말씀드리고 경로당에 들어가니 아니나 다를까? 욕쟁이 할머니 두 명이 소파 중앙에 앉아계신다. 팔짱까지

나는 삶을 강의합니다

끼고 옆으로 45도로 앉아서 노려보신다. "어떤 년들 때문에 다리 떨어지는 줄 알았는데 어떤 년이지 두고 보자."라고 앞에다 놓고 말씀하신다.

진짜 걸레를 입에 물고 계신 게 아니신가 쳐다보았다. 수업이 시작되었다. "어르신들 안녕하세요?" "젠장 안녕은 개뿔." "오늘 날씨 너무 추우시죠?" "저거 바보 아녀? 겨울이니까 춥지, 그럼 덥냐? 바보가 공부 가르친다고 온 거 아녀?" 강적이시다.

풍선을 나눠주고 자신을 그려보라고 하니 욕쟁이 할머니는

"난 그런 거 안 할 겨."

"네, 어르신은 안 하셔도 돼요."

다 그리고 발표의 시간이 되었다. 한 사람씩 발표할 때마다 크게 손뼉을 쳐주며 호응해 주니 할머니들이 좋아하신다.

욕쟁이 할머니 차례가 되었다. "할머니는 안 하실 거죠? 옆에 어르신 발표하시죠?" 옆에 할머니가 발표하자 다른 사람보다 더 크게 박수와 함성을 쳐준다.

계속 수업을 하면서 발표할 때마다 욕쟁이 할머니 앞에만 오면 "할머니 안 하실 거죠?"라고 말하면서 건너뛰었다. 이제껏 오던 강사들과는 다르게 어르신들과 재밌게 수업을 하니 너무 좋아하신다. 어디서 이런 재주꾼 선생님이 오셨냐고 싱글벙글한다.

옆에서 욕쟁이 할머니는 "십팔, 시끄러워, 재주는 개뿔." 욕쟁이 할머니는 개뿔을 참 많이 찾으신다. 세 번째쯤 수업시간이 되었을 때 어느새 욕쟁이 할머니는 내 앞 제일 중앙에서 나랑 눈을 마주치고 계신다. 그리곤 생전 처음 웃으신다. 너무 귀엽다. 앙증맞다. 저런 표정이 있었다니 정말 사랑스럽다.

그 이후 다른 어르신들이 시끄럽게 떠들면 욕쟁이 할머니는 나

서서 선생님 수업하는데 왜 시끄럽게 떠드느냐고 반장을 자처하신다. 사람들은 벙 떠서 나를 쳐다본다. 넘버 투 욕쟁이 할머니는 아예 입을 닫으셨다. 아무도 내 수업시간에는 수선스럽게 떠들지도 않고 산만하지도 않다. 옆에서 이장 사모님이 말씀하신다.

"욕쟁이 할머니 두 분 때문에 이제껏 우리 동네에 공부하는 수업을 못 했어요. 그런데 별일이네요. 욕쟁이 할머니가 다 평정을 하니 어쩐 데요? 너무 좋아요."

수업시간마다 욕쟁이 할머께 하고 싶은 말들을, 어르신께 하고 싶은 말들을 수업 외 사례나 예화를 들어 강의를 10분씩 해 드렸다. 어느 날 욕쟁이 할머니는 보건진료소 소장님 손을 붙잡고 "소장님 내가 잘못 살아온 거 같아요. 내가 말을 너무 막하고 남들한테 모진 소리를 해서 우리 아이들한테 영향이 갔나 봐요. 이제부터 나는 욕도 안 하고 노력해볼래요. 내 말이 어디에 붙어 있다가 우리 아이들한테 가서 붙으면 어떻게 한데요. 이제 말조심할래요."라고 하셨단다.

이렇게 욕쟁이 할머니는 내 수업의 일등공신이 되셨다. 한 번도 결석도 안 하시고, 고혈압약 타러 시내 병원에 가셨다가도 수업 있는 날이면 부리나케 경로당으로 약봉지를 들고 수업에 참석하신다.

욕쟁이 할머니네 경로당은 한 달에 두 번 화요일 날 이장님이 미니버스를 맞추어서 동네 어르신들을 모두 모시고 수안보로 목욕을 다녀오신다. 온 동네 어르신들이 점심도 같이 드시고, 온천물에 목욕도 하시고 참 좋은 것 같다.

화요일 수업을 가면 어떤 날은 목욕을 늦게 마쳐서 30여 분 기다렸다가 지각 수업을 하기도 한다. 아무 말 없이 언제나 웃는 저

나는 삶을 강의합니다

를 어르신들은 이제 선생님 없으면 안 된다는 열혈 팬들이 됐다.

이렇게 12회기 수업을 끝마치던 날, 이장님은 읍내에 가서 피자와 케이크를 사 오셨다. 손수 마지막 수업 파티를 해주시기 위해서 피자를 기다리셨다가 수업시간 끝나는 시간에 가져오신 것이다.

어르신들은 벌써 눈물을 글썽이신다. "인자, 안 오는 거냐."라고 섭섭해하신다. 피자를 펼쳐놓고 케이크에 촛불을 켜고 어르신들은 소녀 같은 목소리로 그동안 고마웠다고 노래를 불러 주신다. 너무 감사하고 고마운 일이다. 어르신들은 피자도 잘 드신다. 오랜만에 먹어 본다고 하시면서 맛나게 드신다. 이장님의 센스가 대단하시다.

이장님은 처음 수업하던 날 내 손을 잡고 잘 부탁하신다고 하셨던 것처럼 끝나는 날은 내 손을 붙잡고 고맙다는 말을 수도 없이 하신다. 오히려 내가 더 고맙고, 감사하다고 인사를 드려야 하건만. 이장님은 수업 끝나는 날로 보건진료소 소장님께 당장 다음 주부터 또 수업을 들어오게 해달라고 통사정을 하셨다고 한다.

소장님은 "강사님 다음 주부터 수업을 하실 수 있을까요?"라는 연락을 받고 나는 고민할 것도 없이 다른 곳을 못하더라도 욕쟁이 할머니 경로당을 다른 프로그램으로 찾아뵙겠다고 했다. 그 프로그램이 벌써 열 번 수업에 8회 차이다.

오늘 수업은 만다라 그리기이다. 수업에 앞서 박수로 몸을 풀고 웃음으로 마음을 풀고 체조로 스트레칭을 하고 만다라 종이를 나누어 드렸다. 이럴 때는 미술 심리 공부한 것이 참 도움이 많이 된다. 어르신들의 마음도 알 수 있고 또, 위로되는 말도 해

드릴 수 있는 것이 참 다행이다. 욕쟁이 할머니의 만다라는 참 오색찬란하다. 말투가 거칠어서 그렇지 만다라의 색상은 호기심 가득한 밝은 에너지로 넘쳐난다.

"어르신은 하고 싶은 게 많은가 봐요?" 하고 물으니 "그럼 하고 싶은 게 많은데 몸이 말을 안 들어서 그렇지, 난 하고 싶은 것도 많고, 가고 싶은 곳도 많고, 먹고 싶은 것도 많아요."

"할머니 지금부터는 하고 싶은 것, 먹고 싶은 것, 가고 싶은 곳 부지런히 힘닿는 데까지 다니세요. 지금부터 다녀도 안 늦어요. 아셨죠?" "선생님이 그렇게 말하니까 그렇게 될 거 같아요. 고마워요." 하면서 내 손을 덥석 잡으신다.

"방석을 깔고 점을 보는 게 공부 가르치러 다니는 것보다 돈을 더 많이 벌 것 같네요. 어째 이리 용하게 다 맞춘 데요?"라고 감탄을 하신다.

정말 이러다 내가 교주가 되는 건 아닌지 걱정이다. 너무 행복한 고민이다.

이제 욕쟁이 할머니가 아니라 사랑둥이 할머니가 돼 가는 것 같다. 욕쟁이 할머니는 항상 나만 보면 말씀하신다. "저 선생님은 허리도 없는데 어째 저리 허리를 잘 돌리면서 춤을 잘 춘데? 살이 쪄도 보기 싫지가 않아. 예뻐 죽겠어."라고 하신다.

나는 매번 할머니들이 원하면 언제든 음악을 틀어놓고 춤을 춘다. 할머니들의 기분을 올려주는 나만의 방법이다. 석근 할머니는 춤을 추면서 웃는 내 웃음소리도 예뻐 죽겠다고 하신다. 무슨 말을 하든 소녀처럼 까르르 웃으신다.

이렇게 웃음이 많으신 분들이 처음에 내가 수업을 왔을 때는 완전히 입에 똥 걸레를 물고 계시는 저승사자 같은 무서운 표정으로 앉아계셨던 분들이라는 게 믿어지지 않는다. 넘버 투 할머니는 아주 요조숙녀처럼 조용하시다. 절대로 욕하지 않기로 결심해서 말수도 줄었단다. 부단히 노력하는 어르신들을 보며 정말 너무 감사하다. 그만큼 내 수업에 열중하고 계시다는 의미가 아닌가?

난 이래서 강의가 좋다. 어르신들과 소통하고 어르신들과 같이 성장하는 시간이 너무나 소중하다.

02
오늘,
또 내일

　할머니들의 오늘은 매일 똑같은 일상의 반복이신 것 같다. 아침에 눈 뜨고 아픈 곳이 있으면 보건진료소 소장님에게 전화해서 약을 지어 달라고 부탁하시고, 조금 쉬었다가 경로당으로 출근하신다. 꽃님이 할머니는 몸이 안 아픈 곳이 없는 종합병원이다. "염병할 몸뚱이는 왜 이리 아픈지 몰라. 지랄 맞았다고 죽지도 않고 이리 힘들게 끌고 다니는지 지겨워 죽겠어."라는 말을 입에 달고 사시는 분이다.

　경로당에서 밥을 먹을 때도, 화투를 치다가도, 내 수업을 듣다가도 저 말을 입에 달고 사신다. 특히 맘대로 일이 안 풀릴 땐 더 많이 자주 하신다. 요즘은 부쩍 경로당에 오시면 할머니 방에 가서 누워계신다.

　죽어야 하는데 죽지도 않고, 지랄 났다고 하신다. 내가 수업 준비를 다 하고 나서도 꽃님이 할머니는 나오지를 않는다. 갑자기 이장 사모님이 부엌으로 가더니 조그만 종이에 미숫가루 한 숟가락을 싸서 꽃님이 할머니가 누워계시는 방으로 들어가길래 따라 들어갔다. "할머니 얼른 일어나셔요. 선생님이 공부 가르쳐 준대요"

　"아녀, 난 죽어야 하는데 죽지도 않고 큰일이여." 하시길래 옆에서 "할머니, 노처녀가 시집 안 간다고 하는 말, 장사꾼이 안 남고 판다는 말, 노인네가 죽어야지 하는 말, 세 가지 거짓말인 거 아시죠?"라고 하니 "선생님, 난 거짓말 안 해요. 진짜 죽어야 하는데 큰일이유."라고 하신다.

이장 사모님이 날 보고 한쪽 눈을 찡긋하시더니 주머니에서 주섬주섬 부엌에서 쌌던 미숫가루 종이를 꽃님이 할머니한테 내보이며 "할머니, 아까 오전에 충주 장에 갔더니 먹으면 빨리 죽는 약이라고 하길래 할머니 맨날 죽는다고 말하던 생각이 나서 사 왔어요. 얼른 드시고 돌아가셔야죠." 하면서 준다.

순간 꽃님이 할머니는 아무 말도 안 하고 순간적으로 눈을 꼭 감으시며 "거기다 놔. 이따가 먹을 거야."라고 풀 죽은 목소리로 대답하신다.

"아니 뭘 이따 묵어요. 지금 먹고 죽으나 이따 먹고 죽으나 똑같은데 이왕이면 선생님 계신 자리에서 먹고 죽는 게 낫지요." 하면서 재촉하신다.

꽃님이 할머니는 눈을 뜨더니 "선생님, 개똥밭에서 굴러도 이승이 낫다고 선생님이 지난번에 얘기했죠?" "네." "그려요. 나도 아직은 이승이 좋아요. 이거 안 먹을 거야."라고 하신다.

양 볼이 터질 듯 나오는 웃음을 뒤로 감추고 "할머니 얼른 나와서 수업하셔요. 동네 사람들 다 기다리는구먼, 이장 사모님. 그 먹으면 죽는 약 잘 내버려 두었다가 꽃님이 할머니가 죽겠다고 할 때 드리고, 아니면 절대 드리면 안 돼요. 아셨죠?"

이장 사모님이 다시 한번 눈을 찡긋하고 "예, 선생님."이라고 대답하신다.

간신히 꽃님이 할머니를 부축해서 나오니 동네 할머니들이 방에서 잘 나왔다고 다 한 번씩 손을 잡아 주신다. 오늘 수업은 강세 이어 부르기. 할머니들의 이름에 건강하시기를, 장수하시기를, 자손이 평안하기를 전체가 불러 주며 기원해준다.

할머니들은 당신들의 이름을 불러 주는 것만도 좋은데 그것도 무려 세 번이나 온 동네 사람들이 불러 주니 신이 나셨다. 강하게 읽는 부분에서는 오른손을 번쩍 올리고 낮은 부분에서는 손을 허리 앞에 내리면서 부르니 우리 할머니들 동네 사람들 이름 다 아는 것만으로도 박사학위 받은 기분으로 우렁차시다.

꽃님이 할머니 차례가 되었다. 꽃님이 할머니 이름은 일본 이름이라 김꽃님으로 부르신단다. 일본에서 나고 자라서 한국으로 시집오셔서 사셨기에 아직도 타향살이한다고 생각하실 때가 종종 있으시다. 고향에 다녀온 지 60년이 넘었다고 하신다.

그런 꽃님이 할머니는 어떤 소원을 넣어 이름을 불러 드리느냐고 하니 죽기 전에 고향 땅 한번 밟아 볼 수 있게 기원하면서 이름을 불러달라고 하신다.

모두 한마음으로 **김**꽃님, 김**꽃**님, 김꽃**님**이라고 목청껏 부른다. "우리 꽃님이 할머니 꼭 고향 다녀오셨으면 좋겠다는 마음을 담아서 꽃님이 할머니 이번에는 '죽어야지가 아니라 살아야지'로 바꾸시는 거예요."

"다들 고마워요. 내가 죽기 전에 고향 꼭 갈 수 있겠지요?"라고 문자 "그럼요, 일본은 외국도 아녀요. 가깝데요. 아프지만 않으면 갈 수 있죠, 서울 가는 것만큼"이라고 동네 할머니들이 한마디씩 대답하신다. 꽃님이 할머니 얼굴에 함박웃음이 피었다.

그리곤 눈동자가 반짝반짝하기 시작한다. 아마 90 넘은 할머

　　　　　　　나는 삶을 강의합니다

니의 눈에서 광채가 난다고 하면 오버일까? 아니다. 할머니의 눈은 하늘의 작은 별만큼 반짝반짝 빛나고 있었다. 언젠가 갈 그 고향 땅을 생각하며 힘이 나시는 것이다. 사람은 작은 불씨만큼의 희망이 있다면 언제든 다시 일어설 수 있다는 말은, 나이에 상관없는 진리라는 걸 꽃님이 할머니가 보여 주시는 것이리라.

또 다른 경로당 수업, 모처럼 볼일이 일찍 끝나 30분 빨리 경로당에 도착하니 할머니 두 분이 앉아 도란도란 이야기를 나누고 계신다.

"어르신 안녕하세요? 제가 수업시간 전에 미리 왔어요. 미리 같이 놀아 드리려고요."

"선생님. 고마워요."라는 말과 함께 경철 어머님의 살아온 인생 이야기가 펼쳐진다.

"내가 첫째인데도 우리 아버지는 딸이라는 이유로 이름을 남자 이름으로 지으셨어. 난 지금도 창피해서 어디 가서 이름 부르는 게 젤 싫어. 내 밑으로 아들만 넷 낳으셨지. 지금은 딸 하나면 고명딸이라 예뻐 하지만 우리 때만 해도 딸은 공부를 가르칠 필요가 없는 그냥 살림 밑천이라는 허울 아래 일만 시켰어. 모진 일은 다 딸인 내가 했어. 참 우리 엄마 아버지도 지금 생각해도 너무 하신 분들이여. 난 학교 문턱도 못 가봤어. 여자는 공부하는 거 아니라고 아버지가 하도 때려서"라고 하시며 눈물을 글썽이신다.

"그 옛날, 남자는 배워야 한다고 동생들을 대학을 가르쳤어. 남동생들은 다 대학을 가르쳤어. 막냇동생만 중학교 나오고. 내 나이 85살이고 내 동생들이 다 세 살, 두 살 차이여. 지금 같으면 말도 안 되지."

"난 시대를 잘못 태어났어. 시골에서 농사지어서 아들 넷 공부 가르치는 게 쉽진 않았어. 그러니 내가 남의 집 식모로 가서, 일해서 보냈지. 식모살이하면서 얼마나 맞고 서러웠는지 모를 거야."

"그러다가 엄마가 입 하나 덜자고 나를 팔아서 시집 보냈던 거야, 시골 부잣집으로. 선생님. 그거 알아요? 시골 부자는 뼈 빠지게 일하는 일 부자라는 거? 가보니 우리 집보다는 부자지만 겨우 입에 풀칠하는 7남매의 장남이었어. 시집가는 날 처음 봤어. 신랑을. 19살에 시집가보니 시어머니가 시동생, 시누들 빨래며 밥이며 나만 시키는 거야. 어머니가 나이도 젊은 데도 며느리 일 시키는 것이라고, 식모살이보다 더 고단한 시집살이였어. 스무 살에 아들을 낳았는데, 시어머니도 그해에 같이 시누이를 낳은 거야. 한집에 같은 해에 두 아이가 태어났는데, 한 명은 고모가 되고 한 명은 조카가 된 것이지. 예전엔 그런 일도 흔했어. 그렇게 힘든 결혼생활에도 난 나를 사랑해주는 남편이 너무 좋았어. 나보다 나이는 많아도 얼마나 의지가 됐는지 몰라. 스물일곱에 셋째 아들 낳고 백일 만에 남편이 사고로 죽었어. 지금 생각해도 자꾸 눈물이나. 난 우리 서방님 생각하면 아직도 서른 초반 죽을 때 모습밖에 없으니까.

그때부터 시부모님은 내가 아이들 버리고 재가할까 봐 나의 시집살이가 더 혹독해졌어. 그래서 새벽이랑 밤중에는 농사를 짓고 아침부터 저녁까지는 장에 가서 과일 장사를 해서 아이들 건사도 하고 시누이 시동생 시집, 장가보내 놓고 나니, 어느 날 내 곁에는 아무도 없는 거야.

친정도 너무 잘나서 다들 각자 살고, 시집 식구들도 시집 장가 가고 나니 내 고생 같은 건 안중에도 없는 거지. 뭘 바래? 아들세 녀석도 결혼하고 나니 내가 짐 덩어리처럼 느껴져 부담스러워했었어. 그러다 장사하던 가게가 불이 났어. 정말 난 아낌없이 퍼 주었는데 불이 나고 갈 데가 없으니까 다 내 연락을 안 받는 거야. 그때 내 막냇동생이 그래도 어려서 누나가 나를 업어 키워 주고 누나가 나 중학교 다닐 때 육성회비도 내주고 한 은혜 잊지 않았다며 우리 집도 좁긴 해도 누이 와서 같이 살자고. 불편해도 조금씩 참고 같이 의지하면서 살자고 연락이 온 거야. 그래서 내가 충주까지 온 거야."

"장사할 때는 앉아서 밥을 먹어 본 적이 없어. 화장실 갈까 봐 물도 안 먹고 악착같이 돈만 보고 살았었지. 아마 아들들이 사업한다고 내 돈만 안 갖다 썼어도 내가 이렇게 비참하게 살진 않을 거야. 돈 달라고 할 때는 방글거리다가 이제는 아예 내 연락을 안 받아. 나도 안 하고 지내니 뱃속은 편한 거 같아."

"이제는 아침 먹고 나면 올케랑 (옆에 할머니를 가리키며) 둘이 경로당 와서 같이 밥해서 점심 먹고 또 보건소나 노인회에서 오는 선생님들이랑 글씨를 가르쳐 주어서 공부하는 것도 너무 재밌어."

"내가 80에 한글 배운 사람이야. 이제 사는 게 재미있기 시작했는데 아플 때는 진짜 남편 따라갈 날이 얼마 안 남은 것 같아 서글픈 마음이 들기도 해."

"추운 거, 배고픈 거 걱정 안 하고 이렇게 글씨도 배워서 새로운 세계를 살고 있으니 얼마나 고맙고, 감사한지 몰라. 선생님들이 이렇게 와 주는 게 나한테는 배움의 기회고 감사의 시간이여,"라고 말씀하신다.

"아니 글씨를 모르면 장사를 어떻게 하셨어요? 돈 계산은요?" "아이 선생님, 나만의 방법이 있지요. 나뭇가지를 갖다 놓고 십 원은 나뭇가지 한 개, 이십 원은 두 개, 백 원은 큰 것 한 개, 이 렇게 했지요."라고 하신다.

아하, 우리 어머니의 이 영특함이 어머님 인생을 더 고달프게 만들진 않았는지 안쓰러움이 밀려온다.

잠깐 사이 나는 경철이 어머님의 인생 드라마 한 편을 본 느낌 이었다. 예전에는 딸이라는 이유 하나만으로 배움의 기회도 없고 노동 생활의 최전선으로 내몰리는 경우가 참 많았던 것 같다.

친정도 시댁도 왜 할머니의 인생에 이렇게 무거운 짐을 지워 놓아야만 했냐는 안타까움이 밀려왔다. 그래도 80세에 한글을 배워 새로운 세상을 본다고 하니 다행이라는 생각이 들었다.

내 수업시간이면 경철이 어머님은 맨 앞자리에서 질문도 많이 하시는 아주 모범적이지만 귀찮은 학생이기도 하다. 경철이 어머 님의 이 귀찮은 질문이 오늘도, 또 내일도 계속되길 마음속으로 간절히 바라본다.

나는 삶을 강의합니다

03

마음이
열리다

어르신들의 살아온 세월만큼 고집이 말도 못 하게 세다. 고집도 보통 고집이 아니라 똥고집이다. 어르신들은 본인들이 옳다고 생각하는 순간 아무 소리도 들리지 않는다. 본인 말만 무한 반복하는 상황이 되는 것이다.

경로당 수업 시작 전 점심을 대접한다고 해서 다른 날보다 조금 일찍 도착했다. 노트북이랑 빔이랑 스크린을 설치하고 점심을 먹으러 상 앞에 앉았는데 어르신 한 분이 굳이 내 옆에 앉겠다고 떼를 쓰신다. 그런데 옆에 있던 어르신이 내가 앉아있는데 왜 그러느냐고 아이들처럼 싸우기 시작하신다. 밥을 앞에 놓고 언제 먹어야 할지 막막하다.

"오늘은 내가 선생님 옆에 앉을 거야, 난 한 번도 선생님 옆에 앉아 본 적 없어. 오늘은 꼭 앉을 거야." "다음에 앉으면 되지, 내가 앉아있는데 왜 자꾸 다른 데로 가라 하는 거야?" "무거운 엉덩이 조금 옆으로 비키면 되는데 그것이 뭐가 어려워서 안 움직여? 얼른 움직여."라고 떼를 쓰신다.

"어르신 제가 밥 먹고 어르신 옆으로 갈게요. 잠깐만 계세요." 라고 하니 "선생님도 나랑 앉기 싫어서 그러는가 보다."라고 눈가에 눈물이 그렁그렁한 채 울먹이신다.

그런 거 아니라고 부녀회장님이 손잡고 달래도 안 되고 어르신들이 선생님이 그러신 거 아니라고 해도 막무가내이다.

맛있는 콩나물밥과 물김치를 앞에 놓고도 맘대로 먹지도 못하는 내 맘을 누가 알까? 대충 꾸겨서 밥을 넣고 "어르신 이리와 보셔요." 하고 손잡고 건넌방으로 모시고 갔다.

"어르신, 왜 이렇게 맘이 상하셨어? 오늘 기분이 안 좋아요? 누가 자꾸 속상하게 하는구나. 누가 어머님을 자꾸 화나게 하는 거예요?"라고 물으며 손을 잡으니 눈물을 훔치며 내 손을 더 꼭 잡으신다.

"사실은 지난밤이 먼저 간 아들 제삿날이었어. 그래서 그런지 자꾸 나도 마음이 내 마음대로 안 되고 화가 나고 시비를 붙고 싶고 싸우고 싶어. 선생님 미안해. 내가 노망이 들었나 봐요."라고 하시며 소리 없이 꺽꺽 울음을 삼키신다. 맘이 아프다. 가슴이 쓰리다. 어머님의 아픔이 내 마음으로 전해져 먹먹해져 간다.

오늘 수업을 잘할 수 있을까? 어머님 마음을 어떻게 어루만져야 할까? 어머님의 어깃장이 자꾸 동네 사람들 사이에서 따돌림을 만든다. 수업하는 나한테조차도 마음을 열지 않더니 오늘은 다른 방으로 건너와 아무도 없는 공간에서 처음으로 마음을 털어놓으신다.

80세 어르신의 눈물 삼키는 소리는 어떠한 아픔보다 더 날카롭다. 어르신의 살아온 세월이 녹아난다. 가슴에 꼭 안아드리고 실컷 울 때까지 안아드렸더니 잦아든다.

어르신들은 이렇게 마음의 문을 연다. 표현할 줄 모르기에 떼쓰고 화내고 울고 하는 아이와 같은 방법으로 의사 표현을 하신다.

나는 삶을 강의합니다

손을 잡고 수업하는 방으로 건너왔다. 어르신을 중앙에 앉혀 놓고 수업을 시작했다. "안녕하십니까? 얼굴 예쁘고 몸매 되는 인지 재활 강사 최형숙입니다."라고 인사하며 엉덩이를 흔드니 어르신들이 박장대소를 하신다.

아들을 못 잊어 하시던 어머니도 어느새 손뼉을 치며 허리 굽혀 웃고 계신다. 오늘 수업 반은 성공이다. 어르신들의 얼굴에 웃음이 피어나고 마음이 열리는 시간이기 때문이다.

"어르신들, 세상에서 제일 멋있는 사람 누구?" **"나"**

"세상에서 제일 잘난 사람 누구?" **"나"**

"세상에서 맛있는 거 제일 많이 먹을 사람 누구?" **"나"**

"세상에서 재밌는 거 제일 많이 놀 사람 누구?" **"나"**

"세상에서 가장 건강해야 할 사람 누구?" **"나"**

"세상에서 가장 많이 웃어야 할 사람 누구?" **"나"**

"죽을 때까지 자식들에게 돈 다 주지 말고 꼭 쥐고 있어야 할 사람 누구?" **"나"**

"정답입니다. 어르신들입니다. 이 세상에 내가 없으면 아무 소용없어요. 돈 아까워 못 쓰고 병원 못가고 뒷방에 틀어박혀 대소변 못 가리면 자식들한테도, 나한테도 서로 민폐예요. 그러니까 어르신들 돈 어르신들 나누어도 주고 다 쓰고 가셔야지 자식들이 안 싸워요. 나중에 병원에 가서 돈 쓰면 의사 돈이에요. 죽으면 자식 돈이에요. 내 돈이 아니고, 그러니까 다 쓰고 가셔요. 간혹 돈 남으면 저한테 주셔도 돼요."라고 하니 어르신들은 "선생님 말씀이 옳아요. 내 돈 내가 써야지. 자식 줘 봤자 고맙다고 하는 게 아니라 조금 남은 거 더 달라고 얼마나 못살게 구는데요. 힘들어 죽어요."라고 대답하신다.

옆의 어르신은 "요양원 갈 돈은 마련해 놔야 자식들이 나를 버리지 않지. 그 돈도 없으면 나를 찾아오지도 않을 거야."라고 걱정하신다. 어르신들은 이렇게 서로서로 마음속의 이야기보따리를 꺼내 놓으시며 '나만 그런 게 아니구나.'라는 안도감도 느끼시는 듯하다.

난 경로당 수업을 가면 어르신들 한 분 한 분마다 표정부터 살핀다. 그날의 컨디션을 알아보기 위해서다.

오늘은 욕쟁이 할머니가 힘이 하나도 없으시다. 그제 밤에 119에 실려 가서 심장 시술을 받고 오늘 퇴원하여 수업을 들으러 오셨다는 것이다.

아니, 아프시면 쉬셔야지 여기 오시면 어떻게 하느냐는 속상함이 가득 담긴 내 말에 내 손을 꼭 잡고 "아니에요, 아니에요, 괜찮아요. 대신 내 목소리가 평소보다는 작아도 이해해 주셔요. 병원에 있으면 더 아파. 그래도 우리 허리도 없는 선생님 허리 흔들며 춤추는 거 보고 웃어야 안 아프지."라고 하신다.

우리 욕쟁이 할머니의 그 말씀이 나에겐 산삼보다 더 좋은 말이다. 처음 만난 날. 욕도, 욕도 그렇게 많은 욕을, 아주 목청껏 하던 우리 욕쟁이 할머니가 이제는 열혈 학생이 되었다. 심장 시술을 하고도 퇴원을 하면서까지 참석해야 하는 중요한 수업이 돼 버린 것이다.

욕쟁이 할머니는 마음이 참 여리다. 참 착하시다. 순진하기도 하시고, 호기심 천국이기도 하시다.

사는 게 너무 힘들게 살아오다 보니 악밖에는 남은 게 없어서 그랬다고 하신다. 배시시 웃으시면 내 마음에도 사랑이 뿡뿡 솟

나는 삶을 강의합니다

아난다. 너무 귀여우시고, 예쁘시고, 고우시다. 이제는 경로당에서 웃는 모습이 젤 예쁜 분이 되셨다. 이제는 욕쟁이 할머니가 아니라 뽐뽐 할머니라고 제가 하트를 날리며 불러 드린다.

　다른 할머니들도 이제는 거리를 두지 않고 같이 잘 어울리신다. 너무 흐뭇하다. 할머니들의 마음이 열리는 시간은 오래 걸렸지만, 열리고 나면 천사가 되는 우리 어르신들을 사랑하지 않을 수 없다.

04
앙증맞은
미소

처음 경로당 수업을 시작할 때는 어르신들의 화냄과 역정을 내는 것에만 집중했다. 일단 수업할 분위기가 되어야 수업을 할 수 있으니까. 회기가 되어감에 따라 어르신들의 표정이 눈에 들어오기 시작했다.

경로당 소파에 나란히 앉은 어르신들이 내가 수업하러 들어가면 일제히 박수를 치면서 환하게 웃으신다. 어떤 어르신은 얼른 일어나 뛰어오셔서 손을 잡고 크게 웃으시고, 다리가 불편하신 어르신은 엉덩이로 밀며 다가오셔서 바짓가랑이를 잡으시며 웃으신다.

틀니를 집에 놓고 왔다며 환하게 웃는 어르신의 합죽이 웃음은 내가 모든 것을 내려놓고 마주 보며 맘 편히 웃을 수 있는 귀한 보물이다.

어르신들의 웃음은 특징이 있다. 살아오신 표정이 웃음으로 나타나는 것이다. 화장을 예쁘게 하시고 손톱에 항상 빨간 매니큐어를 바르시는 창순 어르신은 항상 울기 일보 직전의 슬프고도 서러운 웃음을 지으신다.

나는 삶을 강의합니다

자꾸 눈물을 흘리시며 웃으시는 웃음이 왠지 짠하다. "왜 그렇게 자꾸 우세요? 어르신 뭐가 슬퍼요?" 하면 "이제 내가 얼마나 살겠어. 자꾸 서글프고 눈물이 나, 살아온 세월이 덧없는 것 같은 생각이 들어."라고 하신다.

"어르신 이리 오셔요. 수업 시작해야죠." 하면서 앞에 앉혀드리면 그때부터는 반짝이는 눈빛으로 변한다.

어르신들은 참 표정 변화가 빠르다. 좋고 싫음이 분명해지시는 것 같다. 창순 어르신은 수업하다가 좋아도 울고 힘들어도 울고 짜증 나도 울고 어려워도 우는 울보 어르신이다.

살아온 세월이 너무 힘들어 그렇게밖에 표현을 못 하신다. 그래야 사람들이 돌아봐 주고 관심을 두기 때문이다. 이제는 그런 것도 약효가 떨어져 동네 분들은 창순 어르신이 그러면 또 그런다는 표정으로 안 쳐다본다. 속으로는 속상하고 도와주고 싶어도 버릇될까 봐 참는 것이다.

부녀회장님이 "형님, 왜 또 울어요? 공부해요."라고 한마디 하면 금세 배시시 웃으신다. 결국, 누군가가 한마디 말만 걸어주면 해결된다.

창순 어르신을 가운데 앉혀놓고 수업을 시작한다. 엄지 손을 펴고 엄지, 검지, 중지, 약지, 소지까지 차례대로 알려 준다. 어르신들은 손가락이 잘 펴지지도 않으니 웃음을 터트리신다. 더군다나 약지 손가락은 웬만해선 잘 펴지지 않는다. 평소에 잘 쓰지 않는 손가락이기 때문에 더욱더 힘들다.

어르신들은 손가락을 펴기 위해 용을 쓰신다. "어르신 네 번째 약지 손가락이 안 펴지지요? 그럴 땐 약지 손가락만 펴놓고 나머지 손가락을 다른 손을 한번 털고 그 손으로 꼭 잡아 주세요. 자꾸 이렇게 연습하다 보면 손가락이 아주 부드러워지고 잘 펴져요. 다시 한번 할까요? 엄지, 검지, 중지, 약지, 소지 다시 거꾸로 소지, 약지, 중지, 검지, 엄지." 어르신들은 그나마 엄지부터 할 때는 할 수 있을 것 같았는데 소지부터 엄지로 거꾸로 오니 손가락이랑 말이랑 맘대로 움직이지 않는다.

어르신들은 손가락 하나 가지고도 웃음이 빵 터지신다. "아니 내 손가락인데도 왜 내 맘대로 안 된대요? 희한하네. 어쩐대?"라고 한걱정을 하신다.

"어르신 걱정하지 마세요. 그러니까 저 같은 선생님이 공부 가르치러 오지요. 걱정 뚝! 하시는 거예요." "야, 고마워요."라고 하시며 또 빙그레 웃으신다. 저 귀여운 앙증맞은 미소를 어쩌면 좋단 말인가?

아기들 웃음보다 할머니들의 저 미소는 천만 불짜리 미소다. 손가락으로 이름부터 인사까지 하고 나면 어르신들은 '나를 사랑합니다.'로 자신을 사랑하는 방법을 말로 표현하신다.

교육의 힘이 얼마나 큰가? 미소가 사라지지 않는다. 웃으면서 나를 사랑한다고 나 자신한테 인사하고 짝꿍에게도 웃으며 사랑하고 축복한다고 인사를 한다.

이제 체조를 해야 하는데 창순 어르신은 오늘 체조하기가 싫단다. "그래요? 그럼 뭐가 하고 싶으신데요?" "선생님. 난 춤추고 싶어요." "어르신, 그럼 오늘 체조는 춤추면 되죠. 어르신들, 춤추어도 되죠?" "그럼요." 진성의 '안동역에서'를 트는 순간 어르신들은 엉덩이를 바닥에서 떼고 다 일어서계신다.

음악을 크게 틀고 정해진 안무 없이 막춤이 시작된다. 창순 어르신이 엉덩이를 흔들면서 추는 춤은 아기 공룡 둘리의 엉덩이

춤이랑 흡사하다. 어느새 어르신들이 숨이 차서 제자리에서 손뼉만 칠 때 창순 어르신의 춤 실력이 발휘된다.

80세 어르신이라고는 믿기지 않을 정도로 열정적으로 엉덩이 흔들면서 온몸을 흔든다. 동네 어르신들이 한마디씩 한다. "꾀꼬리처럼 노래도 잘하고 춤도 잘 추는 일급 딴따라여."라며 칭찬을 늘어놓으신다.

동네 어르신들도 창순 어르신이 자랑스러우신 거다. "제가 그렇게 경로당 수업을 가도 창순 어르신처럼 이렇게 지치지도 않고 춤추고 노시는 분은 못 봤다."라는 말에 "우리 경로당이 보통이 정도여."라고 하시면서 어깨를 으쓱하신다.

어느새 창순 어르신 이마에 땀이 송골송골 맺힌다. 보약 같은 친구 한 곡을 더 틀어놓으니 이제는 모든 분이 손을 잡고 흔드신다. 팔 아프신 어르신을 배려해서 허리춤에서 말이다. 아는 노래가 나오면 동네가 떠나가라 큰 소리로 부르신다. 아이들이 아는 노래 부르듯⋯⋯ 귀엽다.

버킷리스트 꾸며보기 수업을 한다. 어르신들은 글자 쓰는 걸 어려워하셔서 그림을 그리거나 간단히 글씨를 쓰는 방식으로 한다. 대신에 꾸민 것을 가지고 한 명씩 돌아가면서 말로 설명을 하시는 것이다.

순남 어르신은 "난 지금이라도 돈을 많이 벌었으면 좋겠어요. 그래야 내가 사고 싶은 것 실컷 사고, 손자 녀석들 용돈도 주고 그러지." "어르신 뭐가 사고 싶은데요?" "난 신발도 좋은 것 사고 싶고, 반지도 사고 싶고, 목걸이도 사고 싶어요. 옷도 반짝이는 거로 사고 싶고."라고 하신다.

"어르신 반지 끼고 목걸이하고 예쁜 반짝이 옷 입고 어디 가고 싶으신데요?" "내가 물레방앗간에서 만났던 첫사랑 오라버니가 있는데 그 오라버니 한번 만나보고 싶죠. 이렇게 내가 번쩍이는 할망구가 됐다고 보여 주고 싶구먼요. 보고 싶기도 하고. 근데 나이가 많아 살아 있으려나 모르겠네."라고 하신다.

순남 어르신의 말씀에 동네 어르신들이 난리가 났다. 6.25는 난리도 아니다. "다 늙어서 주책이여, 아니 이제 만나서 뭘 하려고 하늘에 있는 영감한테 갈 생각이나 해야지, 그 방앗간 첫사랑도 아마 영감탱이가 되어서 보면 실망할 겨. 만나지 마, 노망났구먼."

말을 꺼낸 순남 어르신이 머쓱해 하신다. 이제 내가 나서야 할 때다.

"어르신들, 나이가 먹어도 사람 감정은 똑같아요. 젊은 사람들처럼 옆에서 만지고 뽀뽀하고 이런 육체적인 것만 연애가 아니고 나이 드신 어르신들은 같이 만나 밥 먹고, 이야기 나누고 같이 산책하고 하는 모든 게 연애예요, 관심 가져주고 서로 안부 챙기고 하면서 정을 나누는 것도요. 순남 어머님도 어릴 적 그런 감정이 그립고 또 마음만은 청춘이란 말을 하고 싶었던 것 같은데, 순남 어르신 맞아요?"라고 하니 순남 어르신은 누런 이를 드러내며 웃으신다.

"선생님 말씀이 맞아요. 영감탱이 만나면 뭐해요. 그래도 난 아직도 마음만은 청춘인 걸요. 마음으로는 뭐든지 다 할 것 같아요. 그런데 몸뚱어리가 맘대로 안 움직여요."

어르신들은 순간 공감 어린 눈빛으로 모두 고개를 끄떡인다. '맞아, 맞아 우리가 마음이 늙은 건 아니지, 몸이 말을 안 들어 그렇지, 마음이야 새댁이지.'라고 하신다. 우리 어르신들의 순수한 마음이 예쁘다.

나는 삶을 강의합니다

순이 어르신의 버킷리스트는 세계 일주하기이다. 젊어서 고생만 하고 자식들 키우느라 논에서 밭에서 온 생을 다 보내고 지금도 일 철만 되면 들에서 사는 자신이 불쌍해서 정말 내가 할 수 있는 여건이 된다면 세계여행을 해보고 싶다고 하시며 목젖이 보이게 껄껄 웃으신다. 키도 크시고 목소리도 크시고 웃음은 더욱 크신 마음이 넓은 분이다.

이런 순이 어르신의 말에 어르신들은 우리나라라도 다 가봤으면 좋겠다는 둥 다른 이야기를 각자 하신다. 어르신들의 특징은 남의 말을 안 듣고 자신의 이야기만 주야장천 하시는 것이다.

"어르신들, 만약에 기회가 된다면 세계여행 하고 싶나요?" "그럼요, 하고 싶죠. 다리만 안 아프면 하고 싶죠. 다리가 아파서 양쪽 인공관절 수술을 했으니 걷지를 못해 어찌 놀러 간대요. 우리 시절엔 정말 다 불쌍했어요. 다 일만 하다 널브러져 자고 또 일어나 일 나가고 밥해 먹고, 우리는 정말 요즘 강아지들보다 더 취급도 못 받고 힘들게 살았지요. 그래도 세월이 좋아져 경로당에서 공부도 하고 죽기 전 소원도 써보라고 하니 얼마나 좋아요, 정말 좋은 세월에 살고 있는구면요, 고마워요."라고 하신다.

순이 어르신은 "나는 알프스를 가고 싶어요. 눈 덮인 알프스를 언젠가 텔레비전에서 봤는데 내가 죽기 전에 저기를 한번 가보면 소원이 없겠다는 생각을 했어요. 선생님, 갈 수 있겠지요? 이번 주가 내 생일이라 우리 자식들이 다 내려올 건데 그때 말해보려고요."라고 하며 껄껄 웃으신다. 우리는 모두 박수로서 순이 어르신의 알프스 여행이 이루어지길 기원해주었다.

복순 어르신의 버킷리스트는 맛있는 것 먹으러 다니기이다. 8남매의 셋째인 복순 어르신은 항상 배가 고팠다고 하신다. 먹을 것이 있으면 위에 오빠들과 밑에 남동생들 그리고 막내인 여동생을 챙겨 주고 복순 어르신은 형제들이 먹는 걸 지켜보는 것만으로 너무 배가 고파 동네 개울가에 가서 물 제비를 날렸다고 하신다.

한참을 물 위에 조약돌 던지는 물 제비를 하고 돌아오면 음식은 남아 있지 않고 어르신은 배가 고파 무나 채소를 생으로 배를 채우셨다고 한다. 어쩌다 부뚜막에 앉아 가마솥 밑에 남아있는 누룽지가 있는 날은 세상에서 제일 행복한 사람이 된 듯 어깨가 으쓱하고 누룽지를 드셨다고,

그러다 시집을 오니 부잣집은 아니더라도 밥은 먹고 사는 집이라 굶는 것도 아닌데 복순 어르신은 매일 배가 고팠다고 하신다.

어느 날 시아버님이 어르신의 밥 먹는 걸 유심히 보시더니 식사 때마다 쌀밥을 시아버지와 남편만 먹었는데 시아버님이 배부르다며 밥을 남겨서 며느리 앞으로 밀어놓으시기 시작하더란다.

처음엔 쌀밥 먹는 게 너무 좋아서 생각도 안 하고 먹었는데, 나중에는 시어머니가 보리밥이라도 배불리 먹으라며 보리쌀을 밑에다 넉넉히 깔아주셔서 항상 복순 어르신을 배려해 주셨다고 하신다.

"시부모님의 사랑을 많이 받고 살았어도 지금도 맛있는 것만 보면 식탐이 나는 건 아마도 어렸을 적 내가 못 먹고 배를 곯아서 그런 것 같아요."라고 말씀하시며 허허 웃으신다.

"어르신, 지금부터라도 텔레비전에서 맛있는 것 나오면 생각해 두었다가 자제분들 오면 먹고 싶다고 사달라고 하세요. 아니면 어르신이 돈 줄 테니 음식을 시켜달라고 하면 집에까지 요즘은 다 택배로 배달돼요. 먹고 싶은 것 실컷 드시고 즐기셔야지요.

우리 복순 어르신의 맛집 여행이 꼭 이루어질 거라 믿으시나요?”
“그럼요~” 어르신들의 박수 소리가 더욱 커진다. 그리곤 누런 이를 드러내놓고 활짝 웃으시는 이 앙증맞고 예쁜 미소의 에너지를 난 오늘도 받아간다.

어르신들의 살아오신 삶들이 이 웃음 속에 있기에 더욱 값진 미소들이다.

흥겨운
삶의 조각

정예 어르신의 노랫가락 소리가 경로당 밖에까지 흥겹게 들린다. 어깨를 둥실둥실 움직이며 발놀림 또한 가볍다.

손끝에서 나오는 우아함까지 합치면 흥의 꼭대기를 향해 달려간다.

수업을 시작해서 글씨 쓰는 수업을 제일 싫어하는 정예 어르신이다. 글을 모르기 때문이다.

의외로 경로당을 가보면 글을 모르시는 어르신들이 많다. 남아선호 사상 때문에 여자는 글 배워봐야 쓸모없고 팔자만 세진다고 공부를 못하게 해서 그렇단다.

정예 어르신도 마찬가지다. 없는 살림에 입 하나 덜자고 일찍 시집가서 뼈 빠지게 일하고 이제 다 늙으니 손이 오그라드는 관절염이 와서 서럽단다.

요즘은 경로당 와서 공부하는 시간이 젤 좋다는 정예 어르신. 공부는 다 싫어하신다. 글씨 쓰는 것도, 그림 그리기도 귀찮아하시고, 만들기는 집에 가져가면 쓰레기라고 아예 대놓고 돌 직구를 날리신다.

그렇지만 유독 음악만 나오면 정예 어르신의 진가가 나온다.

춤추고 노래하는 게 세상에서 제일 좋다는 어르신. 머리도 안 아프고 손도 안 아프고 수술한 무릎도 아프지 않다고 하신다.

"선생님. '안동역에서' 노래 좀 틀어 줘 봐요. 얼른, 얼른." 나를 따라다니시며 재촉하신다. 정예 어르신은 소파에 앉아계시는 동네 모든 어르신의 손을 잡고 일으켜 세운다. "요렇게 허리를 흔들어. '안동역에서' 할 때는 손을 높이 들고 흔들어." 아주 동네 춤 선생이 되셨다.

정예 어르신들이 가르쳐 주는 대로 춤을 추기도 한다. 서너 곡 춤추고 나면 이제 노래를 끄라고 하신다. 갑자기 어지러워지신 것이다. "선생님, 나는 밭에서 일하다가 죽겠으면 뭐 하는지 알아요? 둘러봐서 주위에 아무도 없으면 혼자서 노래 부르며 덩실 덩실 춤춰요. 그러면 힘들어 죽겠던 밭일이 다시 재밌어진다니까."라고 하신다.

글도 모르고 평생 일만 하신 정예 어르신에게 춤은 비타민이자 박카스인 것 같다. 다시 수업을 시작한다.

"어르신들 다 책 꺼내세요. 정예 어르신도요." "선생님, 난 어지러워서 공부 안 할래요. 나 저혈압 있어요. 공부해도 돌아서면 금방 잊어버리는데 뭘."이라며 공부 안 할 궁리만 하신다. 그 모습마저도 귀엽다.

"그럼 책 펴지 말고 소고 리듬악기 연주할 거예요. 어르신들 이름을 돌아가면서 불러 주는 거예요. 처음에는 성에다가 소고를 치면서 크게 이야기하고, 두 번째 이름 부를 때는 중간 이름에 소고를 치면서 크게 부르고, 마지막에는 이름 끝 자에 소고를 치면서 크게 외치는 거예요. 아셨죠? 지금부터 어르신들 소원을 한 가지씩 말씀하시면 우리 모두 그 소원이 이루어지길 바라며 소고를 치면서 불러 줄 거예요."라고 하니, 정예 어르신 언제 어지러웠냐는 듯이 온 동네 어르신들과 같이 "네."라고 대답하신다.

"자, 항상 고생하시는 부녀회장님의 소원은 뭐예요?" "나는 다리가 안 아팠으면 좋겠어요. 어르신들 밥 해 드리는 것도 불편해서 미안해 죽겠어요."라고 하신다.

우리는 다 같이 큰소리로 **설**자옥, 설**자**옥, 설자**옥** 이름을 부르며 더 이상 다리가 아프지 않도록 바라며 목청껏 불러본다. 다음은 옥남 어르신. 얌전하고 말이 없으신 옥남 어르신은 언제나 수업에는 적극적이시다.

다만 오른팔이 아파 올리지도 쓰지도 못해서 안타까울 때가 많다. 옥남 어르신의 팔이 나았으면 좋겠다는 소원을 담아 모두 큰소리로 이름을 부른다.

드디어 왕언니인 정예 어르신의 차례가 되었다. 어르신은 "난 이제라도 까막눈이라도 벗어났으면 좋겠어. 그런데 곧 죽을 때가 됐는데 뭘 배워. 이렇게 살다 죽는 거지. 대신에 춤이나 실컷 추고 죽지 뭐."라고 하신다. 가까이 살면 한글이라도 가르쳐드리고 싶은 마음이 간절하다.

뭐니 뭐니 해도 흥겨운 춤으로 인생을 즐기는 정예 어르신의 삶이 나쁘지만은 않아 다행이라는 생각에 동네 모든 어르신이 두 어깨를 들썩이며 소고를 두드리는 이름을 불러 드린다. 정예 어르신의 몇 개 남지 않은 치아를 내보이며 활짝 웃으신다. 대단한 흥이시다. 얼마나 다행인가?

어르신들에게 있어 노래는 힘들 때 위로가 되어주는 노동요도 되고 마음을 어루만져 주는 치유의 노래가 되기도 한다. 이미자의 '여자의 일생'이란 노래를 수업시간에 가끔 틀어드리면 어르

나는 삶을 강의합니다

신들이 떼창을 하신다. 요즘 신세대 가수들보다 더 인기 있는 이미자라는 가수의 저력이 보인다.

어르신들의 시집살이와 자식들 키우며 남편의 속 썩임까지 꾹꾹 눌러 참고 살아야 했던, 여자이기에 눈물만 삼키고 속으로 꾹꾹 참기만 했던 우리 어르신들의 삶이 그대로 표현돼서일까?

가끔 눈물을 훔치는 분도 계시고 목이 메어 노래를 따라 부르지 못하시는 분도 계신다.

그래도 젊은 시절 부엌 가마솥 아궁이 앞에서 부지깽이로 부엌 바닥에 박자를 맞춰가며 노래를 부르던 때가 가끔은 그립다고 한다. 가마솥에서 수증기가 올라오면 속에 맺혔던 서러움도 같이 날아갔다던 노래가 바로 '여자의 일생'이라고 하신다.

어르신 한 분이 말씀하신다. "선생님. 어떡하면 노래를 잘 할 수 있을까?" "어르신 왜요? 노래 잘하고 싶어요?"

"예. 노래 잘하고 싶어요. 내가 젊어서부터 노래 못 하는 게 한이 됐어요. 우리 영감 살아 계실 적에도 노래 못해서 어디 같이 가면 나한테 창피하다고 맨날 말했어요. 영감이 가고 난 뒤에도 난 영감의 그 말이 자꾸 생각이 나요. 젊어서부터 동네에서 야유회 놀러 가면 난 노래를 못해서 벌칙으로 다른 사람들 구경할 때 짐 보따리 지키는 사람 노릇을 했어."라며 울먹이신다.

"어르신 노래 못하셔요? 노래 못한다고 누가 그래요?" "사람들이 내가 노래하면 웃을까 봐 내가 못해요. 새댁 때 언젠가 한 번 노래했었는데 사람들이 막 웃는 거예요. 그 뒤로는 절대 노래 한 번도 안 해봤어요. 영감이 치부책만한 노래책 사 와서 나에게 노래를 가르쳐 준 적이 있는데 내가 잘 못 따라 하니까 그만하라

고 하면서 패대기치고 나가버렸어. 그 뒤로 아예 노래하는 자리
는 어떻게 하든지 자꾸 피하고 안 가게 돼."

"그러셨구나. 그럼 노래 안 한 지가 60년은 됐겠네요. 어르신
제 수업시간에 같이 '나의 살던 고향' 잘 부르시잖아요. 그렇게
부르시면 되는 거죠."

"아녀요, 남들이 하니까 따라 하는 거지. 나도 흥 나게 신나게
한번 부르고 싶은데 잘 못 불러."라고 고개를 숙이신다.

"그럼 오늘부터는 매일 아무 노래나 수업시간에 세 곡씩 다
같이 부를 거예요. 아셨죠? 고향의 봄부터 시작할까요?"라며 노
래를 시작하니 모두 모두 힘차게 따라 부르신다.

"어릴 적 내 고향에서 뛰어놀던 생각 하면서 한 번 더 부릅니
다." 하니 더 크게 부르신다. "내가 외지에서 들어왔는데도 이렇
게 동네에서 잘 받아주고 같이 해주니 내가 너무 고맙고 이제는
열심히 노래 불러서 동네에서 관광 간다고 하면 나도 꼭 같이 가
도록 노력해볼게요."라는 말에 모두 같이 가자며 손뼉을 치신다.

어르신들은 흥이 없다면 무기력해지기 쉬운 것 같다. 기운을
내지 못하고 멍하니 움직이지는 않으신다.

다행히 우리 민족은 흥이 많아서인지 어르신들 대부분 노래가
나오거나 분위기를 만들면 바로 흥타령으로 태세를 바꾼다. '아
마도 살아남기 위한 삶의 대처 방식이 아니었을까?' 하는 생각이
든다.

나는 삶을 강의합니다

청춘은 봄이요

요즘 미세 먼지로 목도 따갑고 눈도 아프고 어르신들이 밖에 나가는 걸 너무 싫어하신다. 연세 드시면 제일 안 좋아지는 폐 기능에 미세 먼지가 제일 안 좋기 때문이다. 흐릿한 하늘에 마음 조차 칙칙하다며 경로당 방안에서 화투치기와 수다 삼매경이다.

요 며칠 비 오고 난 뒤부터 미세 먼지가 물러가니 어르신들이 호미 들고 밭으로 과수원으로 냉이며 달래 뜯으러 나오신다. 냉이가 올라온 걸 보시곤 '요 녀석도 살아내느라고 고생했구먼, 겨우내 얼마나 고생했을 겨. 신통방통한 녀석이여.'라고 하시며 호미를 부지런히 움직이신다. 냉이 캐는 신공들이시다.

옆에선 "이리 와 봐. 여기가 더 많이 있어, 냉이가 천지구먼." "움직여봤자 더 못 캐. 그냥 앉아서 혀. 다리도 아파 죽겠어. 뭘 자꾸 움직이랴."라는 역정을 내신다.

그때 옆에 앉아계시던 순애 어르신의 노랫가락이 나온다. "청춘은 봄이요. 봄은 꽃 나라, 언제나……" 갑자기 냉이 캐던 손을 멈추고 손뼉 치며 '청춘은 봄이요' 노래를 합창하신다. 어르신들의 눈빛은 저 멀리 젊었을 적 청춘의 시간으로 돌아간다.

한바탕 노래를 부르고 캔 냉이를 모두 모아 한 바구니에 담아 경로당으로 돌아와 삶아서 무쳐도 먹고, 냉이 튀김도 해 먹고, 냉이 된장찌개도 해서 드신다. 우리 어르신들은 같이하는 협동이 몸에 배어 있으시다. 아마도 시골 정서라서 가능하지 않을까?

겨우 내내 경로당 프로그램을 하면서, 우리 사무실 선희 선생님과 딸아이가 스텝으로 같이 다녔다. 선희 선생님이 바쁘면 스물두 살 딸아이랑 둘이 다녔다. 화장도 안 하고 수수하게 잘 웃는 딸아이를 어르신들은 오는 것만으로도 너무 좋아하신다.

파릇파릇 새싹처럼 예쁘다는 말로 손도 잡아 주시고 주머니에 꼭꼭 숨겨 놓았던 알사탕도 손에 쥐여 주시기도 하신다. 사진을 찍으면 웃으면서 포즈도 얼마나 예쁘게 취해주시는지 완전 귀요미들이시다. 이렇듯 어르신들은 딸아이가 뭐만 해도 웃으신다.

어느 날 딸이 사진을 찍다가 엉덩방아를 찧은 적이 있다. 어르신들이 수업 중인데도 다들 엉거주춤 일어나셔서 딸아이한테 몰려가신다. 아기가 넘어졌다고, 잡아 줘야 한다고, 딸아이는 어르신들에겐 아기로 보인다.

손녀딸처럼 무조건 무한 사랑의 눈빛으로 쳐다보신다. 그리곤 말씀하신다. "아가, 너 나이 때가 좋은 거야. 얼마나 예뻐. 아무것도 안 발라도 예쁘고, 아무거나 걸쳐도 예쁘고, 가만히 있어도 예쁘고, 좋은 나이여. 그 나이 때는 뭐든 다 할 수 있어. 다 해봐도 돼. 그러니까 아가 맘대로 다 해도 돼."라고 응원도 해주신다.

세상 살아가면서 어느 누가 맘대로 하고 살라고 해줄까? 그런 말을 해주는 사람은 세상에 흔하지 않다. 그럼에도 어르신들은 자유롭게 살 수 있는 딸아이의 삶을 통해 대리만족을 느끼고 싶으신 거다.

수업시간에 그림을 잘 그리는 선희 선생님을 서로 옆에 앉으라고 난리이시다. 선희 선생님의 넉살에 어르신들은 청춘이다. "나도 그럴 때가 있었지, 무서운 것 없이 겁날 것 없이 그렇게 무데뽀로 살았던 적도 있었는데 지금은 무엇이든 다 겁이 나고 무서워. 몸이 아프니 더 못 움직이니 그런가 봐요."라고 하신다.

　옆에서 듣고 있던 선희 선생님이 "어르신, 아픈 거랑 그림 그리기는 아무 상관 없거든요. 그러니까 엄살 부리지 마시고 얼른 그림 그리셔요." "아니, 엊저녁부터 손가락이 아파서 그림 못 그려. 선생님이 그려줘." "아니 멀쩡하던 손가락이 오늘 수업한다고 하니까 아프신 거 아녀요? 우리 어르신 엄살 부리신다." 하면서 벌써 어르신이 주문하시는 것들을 그려주고 있다.

　밉지 않은 선희 선생님의 수다에 어르신들은 또 합창하신다. 젊음이 좋은 것이여. "청춘은 봄이요. 봄은 꽃 나라……" 갑자기 미술수업에서 음악수업으로 넘어가는 장면이다. 노래가 끝나자 정자 어르신이 말한다.

　"난 젊었을 적에 참, 하고 싶은 것이 많았어요. 노래 부르는 가수도 하고 싶었고, 공부도 하고 싶었고, 또 도시로 나가, 높은 구두도 신고 싶었고, 그런데 농사짓고 애들 키우며 살다 보니 그건 그냥 내 마음속에 있는 거지 하나도 못 하고 살게 되더라고. 젊었을 적에는 하고 싶은데 못하고 사는 내 마음의 불덩이들을 풀 수가 없어서 동네에 있는 빨래터에 가면 겨울이라도 물이 조금은 따뜻했어요. 그 빨래터에 가서 이불 빨래한다고 방망이 가져가서 두드리며 목청껏 부르는 거여. 내가 아는 노래는 다 몇 시간이고 부르고 집에 오는 길에 엉덩이까지 실룩거리며 오면 속이 시원해.

그런데 시어머니가 마당에서 이불 빨래해서 머리에 이고 들어오는 나를 노려보고 계시는 거여. 빨래터에 가서 몇 시간씩 있는 여편네가 제정신인 거냐고. 나는 잘못했구먼요. 한마디하고 마당에 빨래 널어놓고 부엌에 가마솥 아궁이에 불 지피고 작대기 들고 시어머니 들으라고 타령을 하는 거여.

시집살이하는 내가 만든 타령. 그러면 시어머니가 어디로 가고 없어. 그때야 내 볼일을 보는 거지. 우리 친정 엄니가 나한테 준 재주 중에 제일 고마운 건 노랫가락을 할 수 있게 흥을 준 것이 제일 고마워. 아무 데서나 내 마음을 내 나름대로 꾸며서 막 노래를 불러. 그냥 중얼거리면 미쳤다고 할 거 아녀.

그런데 타령으로 말을 붙여서 하면 사람들이 노래하는 줄 알지, 신세타령 하는 줄은 몰러. 그러니 얼마나 좋아. 궁상맞게 남한테 안 보여서 좋고. 중얼거리면 더 기분 안 좋아지는데 타령으로 노래 부르다 보면 기분도 얼마나 좋아지는데, 난 그렇게 내나름의 화풀이 방법을 찾아서 했던 것 같아. 그래도 자식들 다 공부 가르쳐서 시집장가보냈으니 내 할 도리는 다한 거지.

손자 손녀들이야 자기들 새끼니까 자기들이 챙길 것이고, 하긴 손자가 내 자식보다 더 예쁘기는 해. 돌아보면 다 아쉬운 게 많지요.

지금도 선생님 공부시간에 '나를 위해서 살아라. 나 자신이 최고다. 나 자신이 제일 멋있다. 나 자신이 여행도 제일 많이 다녀야 한다. 나 자신이 제일 맛있는 거 먹고 그다음 맛있는 거 자식들 줘라. 죽을 때까지 자식들 돈 다 주지 말고 가지고 있어라.' 하고 얘기하면 다 내 얘기하는 거 같아요.

지금도 난 여행도 다니고 싶고 맛난 것도 먹고 싶지. 그렇지만 작년에 양쪽 인공관절 수술한 내 다리가 말을 안 들어. 지랄 맞은 세상이 온 겨. 그래도 이렇게 경로당에 선생님이 오셔서 공부하고 웃고 떠들고 노래하고 춤추고 이러는 게 나한테는 최고로 좋은 낙이에요.

선생님이 올 적마다 해주는 말이 나한테는 지나온 시간을 돌아보는 후회도, 반성도 하는 시간이구먼요. 이렇게 젊은 선생님들도 오시고. 예쁜 아가 손녀도 오고 얼마나 좋아요. 선생님 오래오래 와요.”라고 하신다.

어르신들은 지나온 과거의 시간을 아름답다고 느낄 사이도 없이 지나온 세월이신 듯하다. 그 속에서도 나름 당신들의 방법으로 청춘을 즐기고 느끼고 하지 않으셨을까? 지금은 무엇을 원하는 것이 아니라 ‘청춘은 봄이요. 봄은 꽃 나라’ 노래를 부르며 지나온 추억을 더듬는 아름다운 마무리를 위한 시간인 것 같다.

07

그분들의 삶을
존경합니다

인순 어르신은 그 옛날 중학교를 졸업하지 못하고 2학년까지만 다니셨다고 한다. 남편분이 교직에 있으셔서 사모님으로 살아온 세월, 남에게 존경받고 사셨다. 그 속에는 고통도 힘도 들었겠지만, 속을 내보일 수 있는 위치는 아니셨다고 한다.

중학교를 일부라도 다닌 덕분에 다른 사람보다는 조금 열린 마음으로 살아오셨다고 자부하시는 인순 어르신을 볼 때면 왠지 마음이 묵직해진다. 말로 표현하지 못하고 남편의 지위에 따라 속에 꾹꾹 집어넣어 놓고 살아오셨을 삶이 보이기 때문이다.

인순 어르신은 경로당에 모든 대외적인 일을 책임지고 계셨다. 경로당의 크고 작은 일들은 물론, 동사무소나 노인회, 시니어 클럽 등의 일을 아주 확실하게 하시는 분이셨다.

이렇게 똑똑하고 활동적인 분이신데 남편분이 교장 퇴임하시기 전까지는 항상 교장 사모님의 위치에서 무엇이든 조심하고 또 조심하고 사셨다고 한다.

인순 어르신은 굉장히 날씬하시다. 얼굴도 참 고우시고 꼭 매니큐어를 바르고 다니신다. 옷도 연한 파스텔 색상을 즐겨 입으신다. 손에는 문서 가방인 듯 손으로 만든 예쁜 꽃 그림 천 가방을 들고 다니신다. 항상 정돈된 몸가짐과 논리정연한 말솜씨에 다른 어르신들이 고개를 끄떡인다. 옆에 있던 우리 화순 어르신은 글을 모르신다. 손도 일을 너무 많이 해서 손가락이 구부러져 숟가락으로 밥 먹기도 쉽지 않다.

당뇨약에 고혈압약에 관절 약까지 종합병원이시다. 글을 모르시니 지능이 떨어지는 건 아니지만 수업을 해도 잘 이해하지 못해 바로바로 알아듣지 못하는 경우가 많다. 그러다 보니 화순 어르신 때문에 수업이 지연되는 경우도 허다하다.

화순 어르신은 "내가 글자를 몰라서 선생님이 도와줘야 해요. 미안해요. 담부터는 오지 말아야 할 텐데 이 시간만 되면 엉덩이가 들썩거려 오고 말았네요."라고 말씀하신다.

"수업에 오면 제일 큰소리로 잘 웃으시는 분이 화순 어르신인데 빠지면 안 되죠."

어르신들이 "그럼, 그럼."이라고 맞장구쳐 주신다. 화순 어르신은 지금이 너무 행복하다고 하신다.

경로당 와서 같이 밥 먹으면 되니 밥걱정하지 않아도 되고, 따뜻한 방에서 잠 잘 수 있고, 경로당도 따뜻하고 옷들도 따뜻하고 먹고 싶은 것들 먹을 수 있는 것만으로도 얼마나 행복한지 모른다고 하시며 누런 이를 드러내며 천진하게 웃는다.

'50년 전으로 돌아간다면'이라는 '털어.'라는 게임을 한다. '털어, 털어 50년을 털어, 털어, 털어 50년을 털어.'라는 음률에 맞춰 화순 어르신 차례가 되자, 잠깐 고민하는 시간이 지나고

"나는 20살로 돌아가면 공부하고 싶어요. 시집 안 가고 공부하고 싶어요. 글자도 알고 글자를 알면 버스도 탈 수 있고 버스를 탈 수 있으면 내가 가고 싶은 곳을 다른 사람한테 아쉬운 소

리 안 하고 맘대로 갈 수 있으니 난 공부를 할래요. 선생님, 난 20살이면 무조건 공부여유.”라고 큰소리로 손뼉을 치면서 말씀하신다.

순간 눈가에 어린 물기가 가슴에 잔잔한 파도를 일으킨다. 어르신들이 “나도, 나도, 나도 공부하고 싶어. 한글 말고 영어를 하고 싶어. 영어 공부해서 비행기 타고 외국으로 코쟁이 나라로 놀러 가고 싶어. 코쟁이 나라 가서 피자도 먹고 싶고, 코쟁이하고 연애도 한번 해야지. 하하하. 내가 마음은 아직도 청춘이여. 영어만 하면 세계 어느 코쟁이 나라든 다 갈 수 있어. 나는 그래서 요즘 A, B, C 공부하고 있잖아. 내가 잘하면 나중에 가르쳐 줄게. 그래서 우리 경로당 다 같이 코쟁이 나라 놀러 가자고.”라며 호기롭게 얘기한다.

어르신들은 무슨 이야기를 하든 금방 이루어지는 것처럼 실감 나게 말을 하신다. 미래형이 아니라 현재형이다. 이렇게 공부도 하고 싶고 영어도 배우고 싶은 어르신들께 정말 같이 공부하고 싶다는 마음이 든다.

이렇게 글을 몰라도 몸이 아파도 공부가 하고 싶어도 어르신들 나름의 삶은 각각 다른 느낌의 색깔과 마음이 있으시다. 그러니 얼마나 그 삶들이 존경스러운가? 이제껏 살아오셨고, 살고 있으시기 때문이다. 지금의 시간이 중요하기 때문이다. 그분들의 삶 하나, 하나가 역사요, 기록이다.

제4장

///////////

나는 대한민국 강사다

01
무엇을
말하는가?

5남매의 막내로 자란 나는 아버지의 편애로 인해 오빠들 눈치를 참 많이 보고 자랐다. 아버지가 계실 때는 내가 우리 집 왕이지만, 아버지가 집을 나섬과 동시에 나는 오빠들 눈치를 보는 시간이 되었다. 그렇다고 오빠들이 나를 구박하거나 미워하지도 않았다. 나 스스로 그렇게 되었다.

막내 오빠만은 나를 대놓고 질투하고 미워하긴 했다. 지금이야 옆 동네에 같이 살며 알뜰살뜰 챙겨 주며 둘도 없이 나를 지켜주는 제일 고마운 오빠지만, 클 때는 참 많이도 미워했던 것 같다.

하루는 부모님이 장에 가시고 다른 형제들도 다 없고 막내 오빠랑 나랑 둘이 집에 있었다. 그 당시 소고기 라면이 30원 할 때였다. 라면 하나 먹으면 세상 부러울 것 없이 행복하던 시절이었다.

막내 오빠랑 나는 4살 차이가 난다. 더군다나 막내 오빠는 덩치가 있었고 나는 몸무게 미달의 아주 체구가 작은 약한 아이였다. 오빠는 나에게 "아가, 한 대 맞는데 10원 줄게, 너 얄미워서 때리고 싶은데 너 때리면 아버지한테 내가 맞아 죽으니까 너 세 대 맞으면 소고기라면 하나 먹을 수 있다. 맞을래?"라고 협상을

나는 삶을 강의합니다

해온다.

초등학교 1학년 때 맞는 게 뭐가 중요한가? 라면 먹는 것이 훨씬 더 중요할 때가 아닌가? 생각해볼 필요도 없이 나는 무조건 맞고 라면을 먹겠다고 했다. 대답함과 동시에 눈앞에 별이 번쩍 했다. 그리곤 내 코에서는 피가 줄줄 나오고 있었다. 순식간에 분홍색 스웨터에도 마루에도 코피가 뚝뚝 떨어졌다. 코피를 본 순간 나는 '죽는구나.'라는 생각에 대성통곡을 했다. 오빠도 순간 얼굴이 하얗게 질려서 같이 운다.

"울지 마. 아버지한테 말하지 마, 오빠가 라면 두 개 사줄게, 아가 울지 마."라며 계속 팔뚝을 잡고 달랜다. 차라리 코피를 닦아주지.

코피는 마루에 뚝뚝 떨어지고 옷도 다 코피로 젖고 나는 죽는 줄 알고 울고, 오빠는 아버지한테 맞아 죽을까 봐 울고, 우리는 그날 그렇게 울다가 장에서 돌아온 엄마에 의해 진정이 됐다.

엄마가 장에서 돌아와 집으로 들어온 순간, 내가 태어나 지금까지 중에 제일 큰 소리로 울었다. "엄마, 나 죽어. 피가 이렇게 많이 나왔어."라고 하면서, 엄마는 "아팠어? 괜찮아. 괜찮아 안 죽어. 엄마가 안 죽게 할게."라며 안아주신다.

막내 오빠도 안아주시며 "동생이 아프니까 너도 무섭지? 이제는 때리는 거 말고 예뻐해 줘야지, 그렇지 않으면 이렇게 피가 많이 나면, 아기 진짜 죽을 수 있어."라며 다독여주신다. 정말 둘이서 마루 기둥 옆에서 얼마나 울었는지 지금도 눈에 선하다. 이렇게 나는 오빠들 틈에서 눈치껏 살아남는 방법을 터득해 나갔던 것 같다.

학교를 들어가고 친구들과의 관계에서도 난 어느 정도 떨어져서 분위기를 먼저 파악하고 들어가는 소극적인 아이였었다. 중학교를 입학해보니 여러 초등학교에서 아이들이 왔다. 초등학교 친구들만이 아닌, 처음 보는 친구들도 많고 나보다 더 씩씩한 아이들도 많았다. 그때부터 나는 사람을 관찰하는 버릇이 생겼다.

저 친구는 목소리만 크지 행동하지 않는 친구, 저 친구는 조용하지만 할 일은 꼼꼼히 잘하는 친구, 저 친구는 운동은 잘 하지만 공부시간에 조는 아이, 이런 관찰하는 습관은 아마도 오빠들틈에서 오빠들의 습관을 알아내어 오빠들과의 조화를 이루기 위한 나만의 방법이었으리라.

내 목소리가 큰 것만으로 사람들은 내가 굉장히 적극적이고 외향적이라고 생각한다. 겁이 많기에 목소리가 큰 것이고, 소심하기에 적극적인 것으로 표현했던 것 같다.

강의를 나가면 청강자에 따라 내용이 달라지지만, 무엇을 말하려는 것인지에 대한 줄기는 같다.

나 자신에 관한 믿음. 나 자신에 관한 가치. 나 자신에 관한 성장성. 나 자신에 관한 자긍심이다. 보통 사람들은 타인에 대한 배려가 너무 많다. 예를 들면, 내가 배고프더라도 타인이 배고파하면 그 사람에게 먼저 양보하는 경향이 많다. 특히 어르신들일수록 심하다. 맛있는 건 자식을 먹여야 하고, 손자, 손녀를 먹여야 하고, 이웃을 줘야 하고, 정작 나 자신은 김치 조각 몇 개랑 물 말아서 대충 한 끼를 때우는 것이다.

내 것을 양보하는 삶이 미덕이라 여기기 때문이다. 하지만 내가 없으면 그게 다 무슨 소용이 있을까? 어르신들에게 수도 없이 얘기한다.

"어르신들이 젤 맛난 것 드시고 난 다음, 그다음 맛난 거 자식

나는 삶을 강의합니다

들, 손자, 손녀들 먹이세요."라고.

"선생님. 결혼 안 했어요? 어찌 자식을 놔두고 내 입에 맛난 걸 넣는단 말인가요? 부모라면 그렇게 못해요. 자식이 우선이죠."라고 말씀하신다.

아주 오래전부터 배어온 습관일 것이다. 그럼에도 불구하고 매번 수도 없이 강의 내용은 인생의 중심이, 삶의 주인이 나임을 강조하고 강조한다. 아무리 돈 아껴도 내가 못 쓰고 뒷방에 누워 있으면 내 돈이 아니고, 자식들한테 네가 모시니 내가 모시니 싸움 붙여놓고 있으면 뭐가 마음이 좋으냐는 거지요.

'그냥 내 눈앞에 있을 때 쓸 수 있을 때 쓰고, 병원도 가고, 먹고 싶은 것도 먹고, 친구들이랑 같이 어울려 놀기도 하고, 사는 그날까지 즐겁게 살다가 가는 것이 잘 살고 잘 죽는 방법이 아닐까?'라는 강의를 할 때면 어르신들의 고개는 어느새 끄덕끄덕한다.

어릴 적 엄마 친구분이 자궁암이 걸렸다고 했을 때 엄마랑 문병을 갔는데, 아줌마를 문간방에 혼자 두고 나머지 식구들은 안채에서 하하 호호 웃으며 맛있는 점심을 먹고 있었다. 엄마 친구인 아줌마는 식구들한테 배신감이 든다며 살아온 인생이 억울하다고 울며불며 문지방을 긁으며 울었다. 엄마도 같이 너무 서럽게 우셨다. 친구가 너무 가엽다며, 자식도 남편도 내가 아프니 무슨 소용이냐며 친구를 붙잡고 서럽게 우셨다.

집에 돌아오는 길에 엄마는 "나중에 나는 저렇게 죽지 않을 거다. 난 내가 억울하지 않게 살다 갈 것이다. 누구에게 기대지 않고 누구에게 바라지 않고 나는 내가 나를 위해주며 억울한 생각 안 들게 살다 갈 거야."라고 다짐을 하고 집에 오셨다.

그 뒤로 사흘 동안 엄마는 물 한 모금 못 드시고 친구가 가여워서 어떻게 하냐고 눈물지으셨다. 사흘째 되던 날 아줌마가 돌아가셨다는 부고를 받고 엄마는 자리를 박차고 일어나 장례식장으로 향했다.

엄마의 태도가 바뀐 것이 그 무렵부터였던 것 같다. 엄마는 자신을 먼저 챙기고 아프면 병원도 가고 무엇이든 궁금하면 물어서라도 알려고 하셨다.

그전에는 자식들에게 묻고 자식들이 가르쳐주거나 해결해 줄때를 바라셨다면 그 무렵부터는 생방송 하는 방송국 프로그램에 전화해서 질문도 하고 여기저기 아는 사람들한테 물어서 혼자 해결하시려고 하였다.

그렇게 사시던 엄마는 돌아가실 적에도 억울함이 없이 "너희가 내 자식이어서 너무 고마웠다. 난 너희 덕분에 어깨에 힘주고 살았다."라고 유언을 하고 가실 만큼 대단한 분이셨다. 내가 어르신들께 강의할 때 어르신 자신을 위한 자존감 강의를 많이 한다. 엄마를 지켜본 나는 어르신들이 어떻게 해야 행복한지, 후회가 덜한지 알기 때문에 자존감을 위한 말을 할 수밖에 없다. 잘 살고 잘 준비하고 덤덤하게 잘 죽는 삶이 성공한 삶이기 때문이다.

강의하면서 나는 참 고민을 많이 했다. 무엇을 말할 것인가? 무엇을 중심에 둘 것인가? 그것은 나 자신에 관한 믿음을 바탕으로 해야 한다는 생각이 들 때까지 참 수많은 생각의 연결 끝에 잡은 결론이다.

나는 삶을 강의합니다

어떻게
말하는가?

15년 전 보험회사에서 전 직원 300명을 대상으로 CS 교육을 해 달라는 강의 의뢰가 들어왔다. 난 너무 좋아서 아무도 없는 옥상에 올라가서 큰소리로 얼마나 웃었는지 모른다. 하지만 웃고 난 다음 난 갑자기 머릿속이 암전되었다. 가슴이 벌렁거리고 입술이 바짝바짝 마르기 시작했다. 아무리 배포가 큰 나라고 해도 영업사원들 300명을 앉혀놓고 강의를 하라고?

그때부터 평소에 알고 있는 나의 무기들을 총동원했다. 유머, CS 자료, 사례, 예화 등등……

강의하는 날, 걱정이 되기도 하고 설레는 마음도 살짝 들어 30여 분 일찍 도착했다. 첫 강의치고는 300여 명이나 되는 사람 앞에서 하는 대규모 강의였다.

긴장된 마음으로 휴게실에서 커피를 한 잔 뽑아 드는 순간 옆에서 "이번 강사는 누구래? 말을 안 해 줘. 바빠 죽겠는데 무슨 강의래? 그것도 전 직원을 다 모아놓고 외부에서, 하여튼 맘에 안 들어."라는 말이 들렸다. 지금도 보면 알겠지만, 그저 키 작고 통통한 평범한 아줌마 스타일의 나를 강사라고는 꿈에도 생각하지 않았을 것이다.

내가 "강사가 누군지 안 가르쳐 줬어요~?" "네, 어디서 그냥 대충 때울만한 그저 그런 강사 데리고 왔겠죠~" "그래요~?"라고 대답하고 나는 씩 웃었다.

강의장으로 돌아와 앉아있으니 저도 같은 사원으로 보였는지 어느 영업소에 있느냐고 물어보는 분도 계셨다.

조금 있다가 앞에서 사회자분이 CS 교육에 대한 소개를 잠깐 하고, 강사를 소개한다고 하니 모두 눈이 반짝반짝하기 시작했다. 사회자의 소개를 받고 강단에 서니 사람들은 웅성웅성하며 웃기 시작했다.

강사라고 하니 쭉쭉 **빵빵**하고 예쁜 젊은 강사가 올 줄 알았는데 휴게실에서 같이 수다 떨던 아줌마가 강사라니 하는 표정. 나는 "여러분, 저는 그냥 대충 시간을 때울 만한 그저 그런 강사 최형숙입니다."라고 인사를 하니 손뼉을 치며 박장대소를 한다.

"여러분들이 제가 처음 소개받는 순간 저한테 실망하신 분들이 많다는 건 오늘 제 팬이 그만큼 많이 늘어난다는 뜻으로 받아들이 겠습니다. 지금 이 시간 여러분들은 저의 강의를 들음으로써 영업 성공률 100% 오를 것이라고 확신합니다. 영업 성공률 오르기 싫으신 분들은 그냥 소리만 내지 말고 조용히 계셔주시면 감사하겠습니다."라는 멘트가 끝남과 동시에 우레와 같은 박수가 쏟아졌다. 청강자에게 확신을 주고 궁금증을 유발하게 만든 것이다.

"보험 영업 잘 하고 싶습니까? 돈 많이 벌고 싶습니까?" "네."

"그럼 지금부터 그 길을 찾아 떠나겠습니다. 드문, 드문 앉는 것보다 앞으로 모여 앉으면 훨씬 에너지가 모여져서 강의의 질이 좋아지겠죠? 앞으로 앉아주시면 고맙겠습니다. 3대가 복 받을 준비를 하시는 분들, 확실히 잘될 것 같습니다."라는 멘트로 강

나는 삶을 강의합니다

의를 시작했다. 속으로는 떨리지만 수백 번 연습했던 대로 겉으로는 안 떨리는 척 능청스럽게 강의하고 있는 내가 신통하기도 했다. 앞으로 앉아달라는 말도 유머를 섞어서 하니 적극적으로 앞으로 모여 앉아주었다.

"여러분들 보험 영업하러 가면 보험 이야기 얼마나 하나요? 보자마자 '내가 보장분석 해 줄게. 증권 다 줘볼래?'라고 말하나요? 그런 분은 영업을 이 시간부터 하면 안 되는 사람입니다. 무엇이든 어떤 것을 팔든 사람의 마음을 얻는 것이 먼저입니다. 사람과의 신뢰가 쌓이면 보험은 당연히 자연스럽게 영업이 됩니다. 오늘은 사람에 대한 신뢰를 쌓는 방법에 대한 CS 교육에 초점을 맞추겠습니다."라는 멘트를 하니 집중도는 점점 더 높아진다.

지금은 자기개발서나 여러 영업에 관한 책들이 많으나 15년 전만 해도 그렇게 체계적으로 열심히 하기보다는 '아는 사람 만나서 보험 들어달라고 하면 되지 뭐.'라는 안면 영업을 많이 하던 시절이었다. 그런데 명함 주고받는 것부터 인사, 행동, 반응하기 등 차근차근 강의하니, 강의 시간 내내 영업사원분들은 고개를 끄덕이거나 박수로써 반응해 주셨고, CS 시뮬레이션할 때는 서로 하겠다고 줄을 서기까지 했다.

강의를 끝내고 나올 때 청강자분들이 줄 서서 "강사님 다음에 또 오셔서 강의해 주세요. 오늘 강의 내용 생활 속에서 실천해 보겠습니다. 오늘 강의 최고로 좋았습니다."라고 엄지 척을 해주었다.

내 인생에 많은 돈을 받은 강의도 처음이었고, 그렇게 내 강의에 경청하며 최고라는 찬사를 처음으로 받은 강의였다. 지금 생각해도 너무 가슴 설레고 첫사랑의 기억처럼 핑크빛 사랑의 향기가 나는 추억이다. 영업사원들은 항상 고객을 만나고 그 고객과의 관계에서 계약이라는 결과물을 얻어낸다.

어떻게 보면 말로써 소통하고 공감하는 고수인 분들 앞의 강의는 같은 말이라도 어떻게 말하는가의 차이를 보여 주는 좋은 예가 되는 것이다. 청강자가 받아들이는 폭을 넓히는 포인트는 강사가 어떻게 말하는가에 따라 큰 차이가 나기 때문이다. 우리는 항상 좋은 기억만 있는 건 아니지만, 이렇게 첫 출발선에서 칭찬과 지지를 받는다면, 힘들고 지치는 상황이 와도 잘 견뎌낼 수 있는 힘이 된다.

아는 지인의 소개로 150여 명 되는 회사의 강의 의뢰가 왔다. 특징은 남자분들이 대부분이고 여사원분들은 아주 소수인 회사란다. 그러니 남자 사원분들을 위한 특강을 해달라고 하신다. 연령대는 4~50대. 그것도 점심 먹고 1시부터 2시 30분까지. 제일 졸음이 오는 시간에 뭘 해야 졸리지 않고 재밌고 유익한 강의를 할 수 있을까? 고민했다. 남자분들의 리액션은 아줌마들의 10분의 1로 보면 될 정도로 적기 때문이다.

강의 날, 점심을 그 회사 식당에 가서 먹었다. 밥은 공짜로 주신다는 전무님의 말씀에 떳떳이 아주 많은 밥을 먹었다. 나도 사원분들을 탐색하지만, 외부인인 나를 탐색할 시간을 미리 주기 위해서이다.

강의 시간에 강사를 충분히 탐색하지 않은 상태에서 강의하면 신뢰성이 떨어지고 집중이 잘 안 되기 때문에 탐색은 강의 시작하면서 끝나는 것이 좋다. 더군다나 타인에게 관심이 없는 4~50대 남성분들은 더욱 그 시간이 연장되기 때문이다. 내가 식당가

나는 삶을 강의합니다

서 밥 먹으니 모두 나를 소 닭 보듯이 멀찍이 쳐다본다. 휴게실 가서 커피도 한 잔 빼서 마신다. 만나는 사람마다 가볍게 눈인사를 해준다. 누군가는 나를 계속 관찰하는 사람들이 있어서 충분히 느릿느릿 행동하며 나도 사람들을 탐색한다.

이런 시간이 지나고 강의를 시작하기 전 강사 소개 시간이 되면 나는 무대 오른쪽에 나와 손을 앞으로 모으고 마지막으로 나를 탐색할 시간을 준다. 소개를 받고 마이크를 넘겨받는 순간부터는 오로지 나의 시간이기 때문이다. 청강자에 맞추어서 어떻게 말하는가가 제일 중요한 시간이 된다. 강사의 생명은 전달력이고, 전달력은 어떻게 말하는가에 달렸다.

150여 명의 남자 사원분들은 점심 먹고 커피 마시고 나니 졸음이 올 준비는 다 된 상태에서 나보고 아주 재밌는 강의를 요구했다. 일단 모두 일어서서 하는 게임으로 환기를 시켰다.

틀렸다고 벌칙을 주는 것이 아닌 기분 좋은 박수로 이긴 사람들을 응원하는 긍정적 메시지의 게임으로 정신을 맑게 만들어 놓고, 우리의 현재와 미래에 관한 강의를 하니, 조는 사람 한 명 없이 잘 마칠 수 있었다.

끝마치고 나올 때 와서 악수를 청하며 "강사님. 제가 그동안 참 이기적인 사람이었네요. 앞으로는 강사님 말씀대로 작지만, 꾸준히 실천해 보도록 하겠습니다. 그것이 내가 행복해지는 길이 맞는 것 같습니다."라고 강의 내용을 다시 한번 짚고 약속을 하는 모습에서 얼마나 뿌듯했는지 모른다. 말 한마디에 천 냥 빚을 갚는다는 말은 정말 맞는 말인 것 같다.

03
진심을
담는가?

작년 봄에 초등학교에 생명존중 교육을 들어갔다. 4학년 아이들 반에 들어가니 몸이 큰 아이들도 있고 아직 어린 티가 나는 아이들도 있었다. 그날따라 몸살 기운도 있고 평상시 가끔 오는 편두통도 오고 해서 컨디션이 바닥이었다. PPT를 켜고 슬라이드를 넘기며 외운 교안을 설명해 주었다.

여러분 생명이 뭘까요? 숨 쉬는 거요. 아기요. 살아 있다는 거요. 여기저기서 손을 들고 이야기한다. "그럼 요즘 친구들도 가지고 있는 스마트 폰도 생명이 있을까요?"

"네, 스마트 폰도 켜면 전원이 들어오니까 생명이 있어요."

"아니요. 스마트 폰은 생명이 없어요. 우리가 건전지를 넣어 줘야 하잖아요."

"그렇습니다. 스마트 폰은 생명이 없습니다. 생명이란 스스로 영양분을 섭취하고 자라고 성장하는 생명체를 말해요."라고 설명을 해주니 또 한바탕 교실이 시끄러워진다.

다른 날은 아무리 아이들이 발표해도 예쁘고 재밌었는데 그날은 몸이 안 따라주니 자꾸 땅속으로 들어가는 기분이다. 아이들은 그래도 얼굴에 표가 안 나니 선생님이 아픈 것도 모른 채 신

나는 삶을 강의합니다

나게 이야기를 한다. 어느덧 35분이 지나고 끝날 시간이 되었기에 마무리를 했다.

아이들에게 "여러분은 생명존중 교육을 받았으니 지금부터는 생명 지킴이로서 주위의 친구가 힘들어하거나 어려운 일이 있을 때 도와주고 지켜주는 친구가 되세요."라는 멘트를 끝으로 마쳤다.

인사를 하고 막 교실 문을 나설 때 한 아이가 내 앞으로 뛰어오더니, "선생님, 정말 우리가 생명 지킴이가 될 거로 생각하세요?"라고 묻는다. "왜 그런 질문을 하니?"라고 하니 "선생님이 진짜로 우리가 생명 지킴이가 되기를 바라는지 궁금해요."라고 말하고 인사하고 뛰어간다.

순간, 가슴이 철렁했다. '감정이란 말 하지 않아도 전해진다는 말이 이런 것인가?' 머리가 쭈뼛 서고 온몸에 소름이 돋는다.

아이에게 몸이 아파 대충 시간을 때우려 한 모습을 들킨 것 같아 미안하고 되돌리고 싶을 만큼 나의 모습이 작아졌다. 그래, 강의는 무슨 강의든 진심을 담아 사람을 살리는 강의를 하라는 스승님의 말씀이 새삼 떠올랐다.

매주 가는 경로당에서 게임을 진행한 적이 있었다. 두 팀으로 나누어 먼저 뽕 망치를 치는 게임이다. 어르신들의 행동이 느릴 거라는 우리는 선입견이 있다. 하지만 어르신들은 상황에 따라 달라진다는 걸 우리는 모른다. 뽕 망치 게임을 할 때 보면 웬만한 젊은 사람들보다 더 민첩하고 눈빛이 반짝반짝 빛난다. 누가 어르신들을 늙은이라는 말로 표현했던가 싶을 정도다.

화투장의 앞면을 보여 주면 옆에 있는 사람의 손바닥을 꼭 누르는 방법으로 맨 끝에 앉아있는 어르신까지 가면 맨 끝에 손바닥에 신호가 오신 분이 뿅 망치를 들어 방바닥을 있는 힘껏 내리치면 이기는 게임이다. 다 손에 손을 잡고 맨 앞 내 옆에 계시는 양쪽 팀 주장분들만 내 손에 있는 화투장을 볼 수가 있다.

어르신들은 조바심을 내시고 기다리신다. 나는 그런 어르신들이 귀엽고 장난치고 싶은 마음에 화투를 대충 보여 주고 휙 치워 버린다. 그럼 앞에 계신 주장분들이 난리가 나신다. 잘 보여줘야지 왜 대충 보여 주느냐고, 항의하는 모습도 얼마나 열정적으로 목소리 크게 내시는지 처음 보는 사람은 간이 철렁할 정도다.

어르신들께 화투장을 보여 드리면 옆에 사람들에게 손바닥에 검지로 꼭 누르신다. 신호를 받은 어르신은 또 그다음 어르신께⋯⋯. 이렇게 끝까지 잘 가면 되는데 꼭 한 팀에 한 분씩 신호를 손바닥에 받아놓고 옆 사람에게 신호를 보내지 않고 그냥 계시는 분들이 있다. 그러면 맨 끝에 계시는 분들은 뿅 망치 때리지 말아야 할 때 때려서 지기도 하고, 때려야 할 때 안 때려서 지기도 한다.

자기 팀에서 엄청 큰 원성을 들으셔야 하는 시간이 된 것이다. 이때 강사가 중요하다.

어르신들이 왜 가만히 있느냐고 원망을 할 때 "어르신, 워낙 가끔 전기가 나가서 정전되기도 해요. 우리가 살다 보면 전깃불 나갈 때 있어요? 없어요?"라고 질문을 하면 어느새 뿅 망치에서 전깃불 나가는 거로 화제가 전환되기 때문이다.

전깃불 얘기를 한참 하다가 다시 뿅 망치가 오면 실수하셨던 어르신도 이번에는 정신을 바짝 차리신다. 이번에는 앞면을 보여 드린다. 옆 사람에게 손바닥으로 신호를 보내고, 또 옆 사람으로 신호를 보내고, 또 보내고, 한 팀에 10명이 하는데 이제 열 번째 어르신의 몫만 남았다.

행복 팀과 사랑 팀의 경기가 아주 재밌다. 행복 팀의 젊은 76살의 경자 어르신은 신호가 오기 전에 뿅 망치를 오른손으로 벌써 자기 옆에 갖다 놓으셨다. 80대의 순이 어르신은 멋도 모르고 신호 올 때만 기다리고 계신다. 드디어 순이 어르신이 먼저 신호가 왔다. 뿅 망치를 치려고 보니 뿅 망치가 경자 어르신 옆에 가 있다.

그 순간 경자 어르신도 신호가 왔다. 순이 어르신 뿅 망치를 뺏으려 몸을 날리신다. 경자 어르신 손에 있는 뿅 망치가 순간적으로 순이 어르신 손에 같이 있다. 뿅 망치를 놓지 않으려는 경자 어르신과 뺏으려는 순이 어르신이 한판 뒹굴면서 뿅 망치 뺏기 경기가 시작됐다. 한 바퀴를 빙그르르 돌고 나서야 나이는 80대지만 덩치가 좋으신 순이 어르신이 뿅 망치를 빼앗아 방바닥을 있는 힘껏 내리치신다.

20여 명의 어르신은 어린 시절로 돌아간 듯 몸도 사리지 않고 뿅 망치 뺏기에 나선 경자 어르신과 순이 어르신의 모습을 보며 눈물까지 흘리며 웃으시느라 정신없으시다.

순이 어르신 편이 이겨서 만세를 부르며 '이겼다'를 외치시고, 경자 어르신 편이 져서 '잘했다.'라고 하면서 박수를 보내주었다.

순자 어르신은 너무 웃어서 머리가 아프다고 하시는 바람에 급하게 뿅 망치 게임을 종료하는 사태까지 벌어졌다. 어르신들은 몸은 따라 주지 않아도 마음만은 어린 시절로 돌아가 한껏 즐겁게 보내신다. 게임을 하나 하더라도 어르신들은 강사가 정말 진심으로 이 게임을 즐기고 어르신들과 함께하는지를 잘 아시는 것 같다.

마지막에 어르신들께 "어르신들, 항상 웃으려 노력하고 일부러라도 웃으면 복이 오고 건강해지셔요. 그냥 웃는 게 아니라 어린 시절, 살아오면서 즐거웠던 기억들 하나씩 꺼내서 살면서 들여다보면 행복한 웃음이 나올 거예요. 행복해서 웃는 게 아니라 웃어서 행복하다는 말처럼 내가 웃으면 내 마음도 웃는다고 해요. 웃으면 웃을 일만 찾아올 겁니다. 아셨죠?"라는 마음속 진심의 이야기로 끝맺음을 하니 "우리 선생님, 정말 고마워요. 정말 철학 박사예요."라는 호칭을 하나 만들어 주신다.

이렇게 강의를 하다 보면 내 의지와 상관없이 내가 진심을 담지 않는 강의는 청강자가 먼저 알아차린다. 그것이 아이들이나 어르신들일 경우는 더욱더 민감하다. 강의하는 것 자체가 너무 즐거워서 그런 일이 흔치는 않지만 서너 번 있었던 이런 사례는 나를 반성하고 더욱더 앞으로 나아갈 수 있는 원동력이 된다.

04
눈높이를
맞추는가?

장애인 인식개선 프로그램에 웃음 치료 강의 의뢰가 들어왔다. 평상시에도 보건소에서 시 장애인복지관이나 도 복지관에서 강의해본 경험이 있어, '그 정도에 맞추면 되겠지.'라는 생각으로 담당자분께 문의하니 다 반응도 하시고 비장애인도 있다고 하셨다.

인지능력이 일반인과 별 차이가 없다고 하시니 훨씬 부담감이 덜했다. 혹시 모르니 USB뿐만 아니라 노트북도 가져왔으면 좋겠다는 말에 노트북 가방을 들고 구두를 신고 원거리를 달려갔다.

내가 처음 식당에서 담당자분의 안내에 따라 밥을 먹을 때 지적장애우분이 옆에 와서 '혹시 웃음 치료사예요?'라고 물었다. 그렇다고 하니 첫눈에 알아봤단다. 어떻게 알아봤느냐고 하니 일단 빨간 바지를 입어서 알아봤고, 잘 웃어서 알아봤고, 뚱뚱해서 알아봤단다. 손뼉을 치며 '맞다.'라고 했더니 자기가 엄청 똑똑한 사람이란다. 그렇게 보인다고 하니 선생님도 조금 똑똑한 사람인 것 같다고 말하고 웃는다.

점심을 먹고 강의장으로 가보니 노트북도 필요 없고 마이크 시설도 잘돼 있었다. 사람들을 만나려니 궁금하기도 하고, 보고 싶기도 한 안달감이 다가왔다. '그래, 인지능력이 어느 정도 된다고 하니 내가 아는 그대로 하면 되겠지.'라는 마음가짐으로 기다리고 있는데, 강의장 안으로 한 명, 두 명씩 들어온다. 장애가 심한 분부터 비장애인에 가까운 청강자까지 들어온다. 그때까지만 해도 난 청강자에 대한 정확한 인지능력을 모르고 있었다.

자리에 다 앉고 담당자분이 멀리 충주에서 여러분께 웃음 레크리에이션 해주러 오신 분이라고 소개를 해주었다. 모두 박수와 함께 환영해 준다. 그런데 내가 생각했던 것보다 인지능력이 더 낮은 분들이 많다. 머릿속이 빠르게 돌아간다. 내가 어떤 강의를 해야 하지? 내가 준비해온 강의가 청강자의 눈높이에 맞지 않기 때문이다.

당황했지만, 송대관의 '딱 좋아' 노래에 맞춰 율동을 하면서 시간을 벌어보기로 했다. 생각할 시간이 필요하다. '딱 좋아' 노래에 엉덩이 한 번 흔들어 주고 춤을 추니 모두가 즐겁고 흥겹게 같이 일어나 춤을 춘다.

'그래 이 정도의 호응이면 얼마든지 할 수 있어.'라는 자신감이 생기면서 손가락 게임에 들어갔다. 손가락 이름과 개수 맞추기. 손가락 박수 등. 처음엔 손가락 이름 외우는 것도 짜증 내던 청강자들이 흥미를 느끼고 나의 표정을 따라 한다.

손가락과 표정을 같이 곁들어 흥미를 유발한 것이다. 엄지, 검지, 중지, 약지, 소지를 반복할수록 더 재밌어한다. 이제 개수로 넘어간다.

한 개, 두 개, 세 개, 네 개, 다섯 개……. 양쪽 손가락을 서로 다르게 개수를 내려니 머릿속으로 계산도 해야 하고, 손가락도 움직여야 하고, 입으로 숫자도 말해야 하고, 여간 어려운 게 아니다.

나는 삶을 강의합니다

나중에는 생각대로 안 되니 짜증을 내는 게 아니라 웃음을 빵 터트린다.

사람들은 자기가 잘못하거나 어색할 때 웃는다. 어쩌면 잘하고 못하고의 문제가 아니라 웃음의 포인트가 더 중요하기 때문이다. 소통의 문제인 것이다. 올해 스물두 살이라는 예쁜 여자 친구는 손가락이 말을 안 듣는다고 울먹인다. 앞으로 불러내 손을 잡아 주며 천천히 해보자고 하며 느리게 해주니 곧 잘한다.

"친구가 손가락에게 미안하다고 해야겠어요. 이렇게 잘 하는데. 마음을 자꾸 바쁘게 몰아치면 손가락도 내 마음대로 안 될 수 있어요. 할 수 있는 만큼만 하면 돼요."라고 하니 손을 붙잡고 "손가락아 미안해, 앞으로 화 안 내도록 노력해볼게."라고 말한다.

참 해맑게 예쁘다. 하지만 마음은 더 예쁘다. 옆에 계시던 봉사자 선생님이 "예쁜 친구한테 박수를"이라는 내 멘트에 눈물을 글썽이신다.

왜 그러시냐고 하니 장애우를 이렇게 말해주는 강사분은 어디에도 없었다고 하신다. 사실 선천적 장애는 10% 미만이라고 한다. 우리는 사고나 질병의 후유증 등의 이유로 장애를 얻는 경우가 훨씬 많다.

어떻게 보면 우리는 모두 예비 장애인이다. 내가 언제 어떻게 장애인이 될지도 모르는데 왜 차별을 두어야 하는가? 몇 년 전 장애 봉사단체서 잠깐 활동했던 적이 있었다. 그때 강사분으로 오셨던 목사님이 말씀하셨다. 장애인이라고 해서 능력이 없는 것이 아니고, 차별받아야 하는 것도 아니고, 동정받아야 하는 대상도 아니라고, 그냥 똑같은 처지의 사람인데 조금 기다려주는 배려만 해달라고 말씀하시던 모습이 눈에 선하다.

그런 마인드 교육을 많이 받아서인지, 아니면 보건소 강의 때 복지관 수업을 많이 해서인지 몰라도 시간이 지남에 따라 강의는 훨씬 재밌게 수월하게 1시간 30분이 지나갔다. 담당자분은 매년 이런 교육을 하지만 선생님처럼 이렇게 우리 친구들을 이해하면서 같이 호응하는 웃음 레크리에이션을 해본 적은 처음인 것 같다는 칭찬을 마지막으로 인사를 하고 돌아왔다.

나중에 확인하니 통장에 처음 말씀하셨던 강의료보다 많아서 전화를 드리니 너무 고마워서 대표님이 더 넣어드리라고 하셨단다. 돈보다도 나의 강의를, 나의 마음을 읽어 준 분들께 감사를 인사로 대신했다. 이렇게 아무리 좋은 강의도 청강자가 알아듣지 못하면 아무 쓸모 없는 앵무새 강의가 되는 것이고, 진정으로 청강자와 눈높이를 맞추면 소통하고 공감하는 강의가 되는 것이다.

나는 지금 3년째 시 복지관 농아인분들과 일주일에 한 번 보건소 수업을 한다. 농아인분들과 수업하는 게 쉽다고 말하는 사람들도 있다.

하지만 아무리 수화 통역사분이 통역을 잘해준다고 해도 내가 강의하는 걸 100% 다 전달해 줄 수는 없는 일. 그러니 청강자들을 더 자세히 살피고 표정의 하나도 놓쳐서는 안 되는 수업이라 더 신경 쓰이고 예민해질 수밖에 없다.

우리는 살아가면서 가지고 있는 쓸데없는 선입견이 많다. 농아인들에 대한 선입견 또한 그렇다. 말을 못 하니 굉장히 위축되고 소심할 거라 생각을 하게 된다.

하지만 전혀 그렇지 않다. 삶에 대해서 얼마나 긍정적이고 자존감이 높은지 모른다. 우리의 몸을 돈으로 환산하면 51억 정도 된다는 예화를 들을 때 왜 그것밖에 안 되느냐고? 백억도 넘는 것이 우리 몸이라고 당당히 말하는 분들을 보면서 참 적극적이고 가치 있는 삶을 살아가는 분들이라는 생각이 들었다.

들을 수는 없지만, 우리가 음악을 틀어놓고 춤을 추면서 수업하면 누구보다 더 신나게 춤을 춘다. 아마도 우리 강사들에게 느껴지는 에너지 때문이 아닐까 생각된다. 이렇듯 우리는 청강자가 누가 됐든 청강자의 눈높이에 맞추어 강의해야 하는 까닭이다.

0.5
빈 그릇을
만드는가?

　사람은 각자의 그릇에 크기가 있다. 자기의 그릇 크기를 생각 지도 않고 무조건 담으려고만 한다면 욕심에 넘쳐서 결국은 그 릇 안에 있는 것조차도 넘쳐버리고 마는 꼴이 되는 경우가 종종 있다. 사람인지라 알면서도 못할 때가 더욱더 많은 것 같다.

　겨울에 보건진료소로 강의를 다닐 때 경로당 수업을 하면 유 난히 어르신의 그릇보다 자꾸 욕심을 부리시는 어르신이 계셨다. 경로당 상을 펴놓고 만다라 색칠을 하면 벌써 만다라 그림 종이 몇 장을 상 밑에 감추어 놓고 혼자 싱글벙글하시면서 그리신다. 달라고 하면 얼마든지 드리는데 아마도 습관이신 듯하다.

　어르신들 경로당에서 심심하면 그리시라고 넉넉히 넘칠 정도 로 가져가는데도 불구하고 일단 그 어르신은 자기 것을 먼저 챙 기고 보신다. 만다라 그림도 몇 장을 앞에도 펼쳐놓고 다 그리신 다고 욕심을 부리신다. 시간이 없으니 나머지는 집에 가져가서 그리시라고 해도 아니라고 우기신다. 어찌 보면 참 안쓰러운 생 각에 짠하다.

　없이 살아서 뭐든지 눈에 보이면 일단 챙기려고 하는 것 같다. 그래야 옛날에는 자식들 밥이라도 먹이고 살 수 있으셨을 테니 말이다. 결국, 스텝 선생님에게 그려달라고 조르기 시작하신다.

다행인 건 어르신의 습관을 알아서인지 수업시간에 어르신을 면 박 주거나 나무라는 분들이 없다.

"그 시절엔 다 없이 살아서 그래, 저 여편네가 집에서 썩어도 경로당엘 안 가져와. 지는 경로당에서 젤 많이 먹으면서, 다 없 이 살아서 그런 걸 어쩌라고" 도리어 안타까워하신다.

그런 걸 보면 어르신들은 같은 시대를 살고 같은 경험을 나누 어서 동지애가 참 크신 것 같다. 다음에 가서 만다라 그림 가져 가신 것 색칠하셨느냐고 물어보면 안 했다고 대답하신다. 만들기 수업을 해도 스티커를 수도 없이 감추신다. 다른 어르신들이 하 지 못하도록 말이다.

한번은 서운해하셔도 할 수 없다고 생각하고 "어르신, 스티커 쓸 만큼만 남겨놓으시고 상 위에 올려놓으세요. 다른 어르신들도 만들기 수업하셔야죠. 올려놓으실 거죠?" 하니

"싫어. 안 내놓을 거야. 우리 손녀딸 오면 줄 거야. 우리 손녀 딸 이렇게 예쁜 걸 좋아해. 그리고 다른 늙은이들은 안 해도 돼. 나만 하면 되지."라고 화를 내신다.

어르신들도 아이들과 같아 떼를 쓸 때는 뭐라고 하기보다 그 냥 무심한 척, 못 본 척 놔두면 해결되는 경우가 많다. 어느새 어 르신이 상 위에 스티커를 거의 다 내어놓고 수업에 열중하신다. 정말 귀엽다.

어르신들은 마음에 그릇을 비우기보다 채우기에 급급하시다. 왜냐하면, '얼마 못 살 건데 가지고 있어야지, 가지고 가야지, 억 울해서 싫어.'라는 감정들이 있기 때문이다.

젊은 우리조차도 살다 보면 얼마나 마음 채우기에 급급한가? 다 넣어 놓지도 못하면서도 무조건 관심받아야지 속이 시원하고,

나한테 잘하지 않으면 속상해하고, 내 마음대로 다 되어야 만족하는 아주 욕심을 트럭으로 쌓아두고 사는 사람들이 너무 많다.

내 친구 중 한 명은 양말은 10년 이상 신어야 하고, 펑크 나면 꿰매 신고, 옷도 기본 10~20년은 다반사이다. 결혼할 때 혼수로 가져간 냉장고며 세탁기도 지금 30여 년째 바꾸지도 않고 쓰고 있다.

친구에게 "남들 모두 냉장고 양문형으로 바꾸는데 너도 이젠 바꾸지 그러니? 너무 오래 썼잖아."라고 하니 "아직 기능 다 좋은데 뭐 하러 바꿔. 돈 모아야지. 쓸데없는 데 돈 쓰기 싫다."라고 한다.

이 친구의 주머니에 들어간 돈은 여간해서는 주머니 밖으로 나오지 않는다. 그래서 몇 해 전 친구 남편이 못 살겠다고 이혼하자고 한바탕 뒤집어엎은 일이 있었다. 담배 한 갑을 사도 영수증을 첨부해야 하니 숨이 막혀 살 수가 없다고, 친구들과 술 한잔 먹으려고 해도 돈을 써야 하는데 소주 몇 병, 안주목록까지 적어서 영수증을 첨부하라고 하니 어느 남편이 좋다고 하겠는가? 옆에서 친구들이 그러지 말라고, 쥐도 도망갈 구멍을 보고 쫓으라고 했다고.

남편도 어느 정도 숨구멍 좀 트이게 해주라고 해도 돈은 함부로 쓰면 안 되는 거라고 선생님처럼 우리를 가르치곤 했다.

돈을 쓰지 말라는 게 아니라 적당한 곳에 썼는지를 보자는 거라며 화를 내는 데는 오랜 친구인 우리도 헉 소리 나게 힘들었다. 이혼 위기를 겪으며 친구는 남편에게 한 달에 남편 수입의 10%인 50만 원이 한도인 카드를 주는 것으로 사건은 일단락됐지만 그 뒤에도 계속 삐거덕거리며 살고 있었다. 그러다 정말로 친구

나는 삶을 강의합니다

의 돈이, 그것도 목돈이 나가는 일이 생겼다. 친구가 배가 아파도 돈이 아까워 병원에도 안 가고 동네 약국에서 그냥 약만 사 먹고 넘기곤 했다고 한다. 약을 먹으면 가라앉고 또 음식을 먹거나 빈속이 되면 배가 아프고 계속 반복되는 상황에 안 되겠다 싶어서 동네 조그만 내과에 돈 아까워 벌벌 떨며 들어갔다고 한다.

한참을 기다리고 의사가 진찰하더니 CT를 찍어보자고 하고 초음파 검사도 하자고 하는 걸 친구가 돈 아깝다고 그냥 돌아왔단다. 그날 밤에도 너무 아파서 참고 참아서 이튿날 어제 갔던 동네 내과에 다시 가서 왜 CT랑 초음파를 요구했냐고 물으니 일단 한번 초음파 검사를 한 다음 큰 병원으로 가보시라고, 소견서 써 드리겠다고 말하더란다.

순간 똑똑한 친구는 내가 죽을병에 걸린 것인가 싶어 생전 처음 겁이 났는데 차마 입 밖으로 내뱉을 수 없어 소견서를 받아 서울 큰 병원에 예약했단다. 예약하고 의사가 써준 소견서에 나온 휘갈겨 쓴 영어를 컴퓨터 인터넷에 쳐보니 위암이 의심된다는 비슷한 내용이 있었단다.

일주일 후 서울 병원에 가니 검사를 하는데 끌고 다니고 피 뽑고 사진 찍고 정신이 하나도 없는 가운데도 '혹시 돈이 너무 많이 나오면 어떡하지?'라는 생각이 들더란다. 3일 입원해서 검사만 진탕 하고 집으로 오니 그때야 '내가 죽으면 어떡하지?'란 공포가 처음으로 밀려오기 시작했다고 한다.

자다 말고 일어나서 통장 정리를 하고 보험증권 다 챙겨놓고 아이들 앞으로 사 놓은 금 거북이 앞앞이 다 정리하고 이리저리 어느새 자신도 모르게 죽을 준비를 하고 있더란다. 부동산도 많고 현금도 많은 친구네는 꽤 알부자임에도 밖에서 친구들을 만날 때면 돈 아깝다고 집으로 불러 음식을 이것저것 맛있는 건강식으로 해먹이던 친구다.

다른 건 몰라도 돈에 모든 중심을 두고 돌아가던 친구의 삶이 검사 일주일 후 위암 3기라는 진단으로 다 허물어져 갔다. 하루는 친구가 나를 찾아왔다.

"내가 뭐 하러 이렇게 악착같이 살았을까 억울하다. 써보지도 못하고 죽을 돈, 뭐 하러 죽자사자 사람들하고 싸우고 감정 상해가면서 모았는지 내가 바보 같다."라며 눈물 흘리는 친구에게 나는 가만히 안아주었다. 실컷 울고 난 친구는 해 맑은 웃음을 지으며 "그런데 나는 아직도 돈을 쓰려면 아까워서 못쓴다. 고기도 먹어 본 사람이 먹는다고, 돈도 써본 사람이 쓰는가 보다."라고 말한다.

나는 "이제는 살 생각을 해라. 석 달을 살든 육 개월을 살든 일 년을 살든 사는 기간에 상관없이 네가 후회 없이 살아라. 돈도 쓰고 싶으면 쓰고, 하고 싶은 것 있으면 하고, 놀러 가고 싶은 곳 있으면 놀러 가고, 사고 싶은 것 있으면 사고, 먹고 싶은 것 있으면 먹고, 만나고 싶은 사람 있으면 기름값 아까워하지 말고 만나러 가고, 지금부터 세상의 중심은 너라고 생각하고 살아라. 치료도 열심히 받고, 항암치료도 받고, 대체의학 하는 곳에도 가고 싶으면 가고, 너 없으면 그 돈 네 돈 아니다. 억울해하지 말고 얼마를 살든 후회 없이 살 버킷리스트를 만들자."라고 하니 얼굴이 순간 확 밝아진다.

손바닥으로 무릎을 치면서 "맞아 맞다. 내가 써야 내 돈이지, 누구 좋아하라고 다 놓고 가니? 쓰고 죽는다. 버킷리스트 좋다!"라고 하면서 금방 암 환자의 눈물은 어디 갔는지도 모르게 활기

나는 삶을 강의합니다

차졌다.

위암 수술을 받고, 항암치료를 받으며 그때부터 친구는 남편이랑 전국 일주를 시작했다. 머리가 빠져서 스카프를 예쁘게 쓰고 가는 곳마다 사진을 남기기에 바빴다. 남편도 회사를 사표 내고 그렇게 돈 못 쓰게 원수 같던 부인이 불쌍해 맨날 울보 남편으로 변했다고 한다.

지극정성으로 친구에게, 사랑을 쏟는 남편에게 너무 고맙다고 말하는 친구의 얼굴에 홍조가 띤다. 보태주는 사람 없이 먹고살기 바쁘고 아이들 키우기 바쁘고 돈도 모아야 했던 신혼 시절보다 아파보니 지금이 더 행복하다는 친구는 어쩌면 하나씩 비우면서 행복으로 채우는 건지도 모른다.

그렇게 2년의 투병 끝에 친구는 어느 정도 차도를 보여 지금은 일상생활에는 지장이 없을 정도로 완쾌가 되었다. 비록 건강보험공단에는 중증환자로 등록이 되었지만, 마음만은 행복의 알갱이를 찾아 모으는 행복 부자가 되었다고 한다. 친구는 말한다. '비우니 채워지더라'.

강의 또한 마찬가지다. 내가 가지고 있는 얕은 지식으로 누구를 가르치려고 한다면 청강자는 먼저 강사의 자질을 알아차릴 것이다. 강사의 그릇을 말이다.

강사는 항상 배우고 노력하고 채우고 또 비우고 하는 연습을 해야 하는 이유이다. 채워져 있는 욕심을 비워야 새로운 것으로 채울 수 있기 때문이다. 나의 그릇을 키우고 나의 배움을 채우는 강사야말로 진정한 그릇의 강사가 아닐까 생각한다.

06

공감하고
배려하는가?

어느 날 어르신들과 강의에서 한 어르신이 말씀하신다. "강사 양반, 당신이 나의 마음을 알아? 나이도 어리고 고생도 안 한 거 같은데 당신이 뭘 알아서 여기 와서 우리 보고 강의한다는 것이 여?"

아마도 어르신은 내가 나이도 어르신들에 비하면 어려 보이고 덩치도 작으니 만만하게 보셨던 것 같다. 일단 강사를 면박 주면 강사가 당황할 테고 그러면 어르신이 주도권을 쥔다고 생각하신 듯하다. 그래도 시니어계의 아이돌이라고 자부하는 나는 그런 유도에 넘어가지 않는다.

왜냐하면, 내가 노인자제이기 때문이다. 지금이야 서른여덟에 아기 낳는 것이 그렇게 노산이 아닐지 몰라도 내가 태어난 1966년에는 노산도 한참 노산에 들어갔다.

학교에 들어갔을 때 친구 엄마 중에 우리 엄마가 나이가 젤 많으셨다. 그러다 보니 난 항상 노인자제라는 말을 달고 살았다.

그 말이 난 좋았다. 나이 들어 나를 낳아주신 부모님이 난 고맙고, 감사하기 때문이다. 아버지는 엄마랑 8살 차이가 나서서 친구 할아버지와 우리 아버지가 친구시다. 아버지 친구 손녀와

나는 삶을 강의합니다

내가 친구이다.

　좋기도 하고 고맙기도 했지만, 나이가 있어서 그런지, 성향이신지 엄마는 화장을 안 하셨다. 얼굴에 바르는 화장품 하나 있는 건 농에다가 넣어 놓고 바늘 녹슬지 말라고 잔뜩 보관하시는 용도로 쓰시고, 기껏해야 동동 크림 하나 바르는 게 다였다. 맏이인 친구 집에 가면 화장대 위에 화장품이 이것저것 알록달록 가지런히 놓여 있었던 모습에 부러움을 한가득 안고 보았던 기억이 지금도 선명하다.

　늙은 엄마의 안 좋은 점이라고 집에 와서 엄마한테 하소연을 하니 엄마는 대신 "엄마는 책을 많이 읽고 공부하잖아. 너한테 이야기를 많이 해 주잖니."라고 하셨지만, 그때 당시엔 '그게 뭐야.'라는 야속한 마음을 금할 길이 없던 때가 있었다.

　지금에야 그런 엄마가 현명하고 지혜로운 분이셨다는 걸 알지만 그때 당시엔 우리 엄마의 고지식함이 나를 더 초라하게 만든다는 생각이 들었다. 철없던 어릴 때의 생각이다. 그러다 보니 나는 어르신들의 마음을 곧잘 읽는 편이다.

　어르신들이 살아오신 시절이 우리 아버지, 엄마 살던 시절이기에 더욱더 공감되었는지도 모른다. 우리 엄마가 식구들 준다고 맛있는 반찬 찬장에 넣어 놓고 짠지랑 고추장만 마루에 놓고 쪼그리고 앉아 물 말아 드시던 점심밥도, 새벽에 일어나 공부하시고 난 다음 항상 앉아서 기도하시던 모습도, 힘들어도 안 힘든 척 그렇게 씩씩한 척하던 엄마가 어느 날 외할머니가 아프다는 소식에 새벽에 몰래 장독대 옆에서 우시던 모습이 우리 어르신들이 살아오신 모습이기 때문이다.

　어찌 보면 어르신들을 만난다는 건 친정아버지, 엄마를 만나는 일이기에 더욱 그분들의 삶을 공감하고 살아온 날에 대한 보상의 말과 힘든 삶에 관한 배려를 하려고 노력하는 건지 모르겠다.

"어르신 제가 어려도요, 노인자제예요. 아버지 손녀딸이랑 제가 친구예요. 우리 아버지가 살아계시면 100살이에요. 그러니 너무 염려 마시고 제 수업 많이 참석해 주시면 감사하겠어요."라는 말로 어루만지며 수업을 시작했다.

오늘의 주제는 '소싯적에 나는……'이다. 남자 어르신들이 난리가 났다. 남자 어르신들이 수업에 이토록 열성적으로 참여했던 적이 있었나 할 정도로 적극적이시다.

재철 어르신은 "소싯적 나는 그래도 잘 나가는 사람이었어. 군납품을 해서 돈도 많이 벌고 색시집 가서 술을 마시면 돈다발을 가지고 가서 뿌리면서 먹었지. 친구들도 내 앞에 오면 다 엎드려서 꼼짝도 못 했으니까. 집에는 식모도 두고 아이들도 자가용 태워 기사가 학교에 데려다줬었어. 그러다 경쟁 업체에서 세무서에 투서를 넣는 사람에 세무 조사받고 교도소도 다녀오고, 나와 보니 식구들이 뿔뿔이 흩어져 있었어. 식구들 모으려 참 열심히 살았어. 그 참에 아이들도 다 대학까지 가르치고, 죽을 고생을 했지, 살 만하니 집사람이 암에 걸렸어. 내가 살면서 가장 후회스러운 게 집사람 허망하게 보낸 거야. 이제 아이들 다 키우고 집 장만해서 둘이서 돈 걱정 안 하고 먹고살 만하니 집사람이 아파서 저세상으로 간 것이여.

고생 고생만 하다가 간 것이여. 차라리 젊었을 때 고생을 하고 늙어서 편했으면 좋았을 걸, 초년에 떵떵거리고 살다가 아이들 한창 돈 들어갈 때 내가 교도소 가서 남편 자리에 없었고 혼자 시어머니까지 건사하면서 얼마나 고생을 했겠어. 난 정말 우리 집사람 생각하면 지금도 눈물이 나. 떠난 지 10년이 됐는데도 자꾸 이렇게 눈물이 나. 젊어서는 몰랐는데 집사람이 떠나고 난 뒤 집사람의 사랑이 절절해지는 거 같아. 집사람이 생각날 땐 생각나는 대로 시를 써서 집 구석구석 붙여놓으면 마음이 한결 편하고 좋아. 수업시간에 집사람 이야기를 할 수 있어 참 좋아, 선생님 고마워요."라는 말을 끝으로 발표를 마치신다.

우리 어르신들의 삶인 것이다. 정말 재철 어르신의 마음이 나한테도 고스란히 전해진다.

다음은 영희 어르신의 발표가 이어진다. "나는 열일곱에 시집왔어요. 괴산에서 충주로 왔으니까 멀리는 안 왔는데도 그때는 가마 타고 오는 길이 왜 이리 멀미 나고 멀게 느껴졌는지 몰라요. 아마도 이제 다시는 친정을 못 간다고 생각했던 거 같아요.

그렇게 개울 건너고 산을 넘어서 시댁 마당에 가마를 내렸는데 도저히 나올 수가 없는 거야. 다리에 쥐가 나서 못 나오는데 우리 시어머니는 새색시가 나오지도 않는다고 소리소리 지르시더라고. 지금 생각해도 무서운 분이셨어요.

가마 안에서 반나절이 넘는 시간을 보내고 나오니 눈도 부시고 넘어가는 해가 왜 이리 눈물이 나는지, 열일곱 살 나는 엉엉 마당에 퍼질러 앉아 울어버렸지, 그 무서운 시어머니가 당황하셔서 울지 말라고 나를 달래더라고.

시집온 첫날부터 요즘 우리 손녀딸 말처럼 나는 우리 시어머니한테 찍혀 버린 거야. 시어머니는 여자가 울면 집안 망한다고 그치라고 하면서도 안아서 토닥여 주시더라고. 그때 시키면 덩치 큰 남자가 오더니 손을 잡고 괜찮다고 하면서 마루에 앉혀줍디다. 그 사람이 지금 나랑 60년 넘게 사는 남편이에요. 아마도 마당에 내려 보니 아는 사람은 하나도 없고 낯선 풍경에 서러움이 복받쳤던 듯해요.

남편이랑 나는 9살 차이에요. 내가 열일곱 살. 우리 남편이 스물여섯 살. 나이가 많은 축에 속했지, 나중에 친정엄마 말로는 논 2마지기에 내가 팔려 간 거래요. 우리 친정아버지가 식구들 먹고살려니 어쩔 수 없다고, 그 시절 시골에서는 그런 풍습이 있었대요.

그렇게 시집살이가 시작됐죠. 아궁이에 불 넣으라고 하면 아궁이 앞에서 졸다가 앞머리 다 태워 먹고, 빨래터에서 빨래해오라고 하면 빨래 다 해서 오다가 미끄러져 빨래 길바닥에 널브러뜨리고, 매일 시어머니한테 혼나는 게 일이었고 매일 우는 게 일이었던 때였어요.

지금 생각하면 나 때문에 우리 시어머니가 화병 나서 죽었을 거 같아요. 열일곱 살 철딱서니가 뭘 알아. 하나부터 열까지 시어머니가 다 가르쳐서 데리고 살려니 얼마나 속이 터졌겠어.

예전엔 내가 사람들에게 말할 때 우리 시어머니가 나를 시집살이 시켰다고 말했는데 내가 나이 들어보니 내가 우리 시어머니를 시집살이시킨 거였더라고. 사람은 그 나이가 돼 봐야 안다는 말이 이런 게 아닐까 싶네, 돌아가시기 전 5년간 대소변을 받아내면서 병간호할 때 우리 시어머니 매일 나한테 미안하다고 하셨어.

'아녀요. 열일곱 살 철부지 데려다 사람 만들어 밖에다 흉보지 않고 어머니 치마폭에 꼭꼭 싸 매여 남들에게 손가락질받을까 봐 좋은 말만 소문내고 아들딸 낳고 이렇게 좋은 시절 살게 해주신 어머니가 고맙죠. 친정어머니보다 어머니가 더 편하고 좋아요. 지금 이런 일은 일도 아녀요. 어머니만 오래오래 사셔요.'라는 내 말에 우리 어머니 정말 대성통곡하고 우셨어요.

내가 서방보다 내 자식보다 너를 의지하고 산 세월이 너무 고맙다고, 우리 며느리 복 많이 받고 살 거라고. 돌아가시기 이틀 전 나에게 20년 전 돈으로 100만 원을 내 손에 쥐어 주시며 고맙다는 말이 유언이 될 줄을 몰랐지요.

내 결론은 나의 소싯적은 우리 시어머니를 시집살이시키는 철부지 새댁이었다는 거. 그리고 어른이 참고 견뎌주면 자식은 언젠가 보답한다는 거, 그런 거예요."라는 발표가 끝나자 모든 어르신이 큰 박수로써 영희 어르신의 이야기에 공감을 표하신다. 영희 어르신의 '정말 살아보니 알겠더라.'라는 말이 맞는 것 같다.

청강자의 처지에서 그들의 이야기 속으로 들어가 같이 아파하고 같이 즐거워하고 같이 느끼는 것, 그리고 어떻게 하면 그들의 마음을 어루만져 주고 도와줄 수 있을까를 고민하는 강사가 진짜 멋진 강사라고 생각한다. 나도 그런 강사이고 싶고, 그런 강사가 되기 위해 매일 매일 공부하는 노력파가 되었다.

07
강의 끝에
오는 것들······

내가 아는 분은 정말 똑똑하고 공부도 잘하는 분이었는데, 30 대 후반 늦게 연애를 해서 결혼을 했다. 연애할 때는 다정하고 능력 있어 보이던 남편이 결혼해서 보니 빚더미에 앉아있었단다.

연애할 때 쓴 돈도 다 대출받아서 펑펑 쓴 돈이었고, 결혼식 비용도 지인들에게 꾸어서 아주 번쩍번쩍하게 했던 것이었다. 결혼하고 신혼여행을 다녀온 뒤 시댁에 인사 가자고 하니 시댁 없다고 했단다. 결혼식에 왔던 시댁 식구들은 누구냐고 하니 돈 주고 빌린 사람들이라고······.

그때 바로 끝내야 했었는데, 그래도 연애하면서 들었던 정이 무엇인지 사람 만들어 살아야겠다고 악착같이 살았다고 한다. 아이가 생기면 나을까 싶어 아이를 낳으니 방긋방긋 웃을 때만 잠깐 봐주고 아이가 오줌 싸고 똥 싸도 봐주지도 않고 컴퓨터로 고스톱만 치고 있는 남편을 하루에도 열두 번씩 망치로 때려죽이고 싶은 것을 참고 살았다고 한다.

그렇게 살다 보니 아이한테 화풀이하게 되고 아이는 점점 더 위축되어 소심해지고 그러면 못마땅해서 또 야단치고 아이는 점점 마음에 병이 깊어만 가는 걸 엄마는 눈치를 못 채고 있었다.

나는 삶을 강의합니다

그러다 아이가 중학교에 들어가면서 소위 말하는 왕따가 되었고 아이가 자해하고 자살을 시도하면서 엄마가 정신이 번쩍 났다고 한다.

아이 잘못이 아닌 그렇게 만든 자신이 문제였다는 걸 제 강의를 듣고 처음 알았다고 한다. 그날부터 아이를 혼내는 게 아니라 아이한테 못마땅한 점이 있으면 아예 말을 안 하고 한 템포 쉬어서 마주 앉아 왜 그랬는지 먼저 물어보라는 제 강의 내용을 적용했다고 한다. 그러니 아이가 처음으로 속마음을 털어놓기 시작하더란다.

순간 눈물이 왈칵 쏟아졌다고 한다. 이렇게 어렵다고 도와 달라고 말할 수 있는 아이를 내가 바보로 만들어 가고 있었구나 하는 미안한 마음에 하염없이 아이한테 미안하다는 말을 했다고 한다. 그때부터 내 마음에 여유를 두니 남편하고의 관계도 개선되고 아이하고 편해지니 아이와 감정싸움을 할 일이 줄어들고, 아이의 마음이 많이 나아졌다고 한다.

'여러분, 아이는 엄마의 거울입니다. 아이가 못한다고 나무라지 마세요. 나를 돌아보세요. 나의 어떤 모습이 아이를 그렇게 만들었는지, 아이를 어떻게 대했는지, 아이한테 보인 내 모습이 어떤지 반성해야 합니다.'라는 사례의 학부모 강의를 했다.

강의가 끝나고 노트북 등을 정리하고 있을 때 청강자 한 분이 내 등에 대고 "강사님." 하고 부른다.

"네?" "오늘 강의 너무 좋았어요. 제 자신이 누군지 생각하지 않고 남의 눈에 잘 보이려고 제 아이를 쥐 잡듯 하고 살았는데 오늘 강사님 강의를 들으니 나를 먼저 보듬어 주어야 할 것 같아요. 스스로 여유를 만들어 놓고 아이를 대해야겠다는 생각을 했습니다. 꼭 실천하겠습니다. 고맙습니다."라고 내 손을 잡고 인사를 한다.

정말로 청강자분이 그렇게 할 것이라는 믿음이 생겼다. 눈빛이 그렇게 말하고 있었기 때문이다.

경로당에 22회기 인지 재활 교육을 들어갔었다. 처음에는 어린 선생(내 나이가 쉰네 살)이 왔다고 처음부터 잡아놔야 우리 맘대로 할 수 있다는 생각을 하셨다고 한다. 어르신들의 기 싸움은 정말 대단하다. 한마디 할 때마다 말꼬리를 잡으시는 방법도 쓰시고, 질문하면 모두 다 약속을 하고 대답을 안 할 때도 있으시다. 아니면 볼일 본다고 그날은 다 시내로 가는 버스에 몸을 싣고 참석을 안 하시기도 한다.

정말 아이들 같으면 꿀밤이라도 때리고 싶을 때가 한두 번이 아니다. 한날한시에 모두 시내 병원으로 고혈압약을 타러 가야 한다고 가시고 8명이 모여 수업을 한 적도 있다. 하필 마사지하는 날이었다.

참석하신 어르신들은 "우리가 언제 이런 호강을 해보느냐. 시내 병원에 약 타러 간 사람들 바보다. 오후에 가도 되는데 똥고집 부리다 망하는 거야."라고 하시며 껄껄 웃으셨다.

어르신들을 일렬로 쪼르르 다 뉘어 놓고 얼굴 마사지를 하고 바나나랑 밀가루, 꿀, 요플레를 넣은 팩을 얼굴에 얹어 드리고 손 마사지를 해 드리니 호강에 겨워 잠이 오신단다.

한쪽에서는 코 고시고, 한쪽에서는 노랫소리 나오는 스피커에 맞추어 콧노래를 부르신다. 강의하다 보면 이렇게 생각지도 않은 환경들이 수도 없이 많이 일어나고 생겨난다. 그 상황을 강사가

나는 삶을 강의합니다

어떻게 유연하게 넘기느냐가 관건이다.

강사의 역량을 키워야 하는 이유이기도 하다. 이런 시간을 지나면서 마지막 22회기 수업이 되었다. 마지막 종강 한 주 전 수업 때 "약밥 해서 먹을까요?"라는 나의 질문에 "싫어 약밥은 우리도 해 먹을 수 있어요. 우리 피자라는 서양 빈대떡 먹으면 안 될까요? 지난번 딸네 왔을 때 사 왔는데 손자, 손녀들 먹으라고 한쪽만 먹었더니 아쉬워서 그래. 선생님. 피자 먹을까요?"라고 하신다.

알았다고 하고 마지막 수업 전날 밤, 밤을 새워 1,000장이 넘는 사진 가운데 15분 분량의 그동안 수업 중간중간에 찍었던 사진들을 추려서 동영상을 만들었다. 어르신들과 함께한 시간이 필름처럼 지나간다.

긴 시간 동안 한 번도 빠지지 않고 참석해 주셨던 어르신들. 와서 무조건 못한다고 떼쓰던 어르신, 친정어머니 얘기를 하면서 펑펑 울던 어르신, 수업하다 재미없을 것 같다고 수업 째고 도망 가셨던 어르신, 동네 어르신들 선동해서 수업 땡땡이치고 시내 끌고 갔다가 나중에 어르신들에게 욕을 사발로 얻어 드셨던 어르신, 무엇이든 선생님 도와 드릴 일 없느냐고 쫓아다니시면서 걱정해주던 어르신······.

나에게는 모든 어르신이 보석이다. 황금이다. 보물이다. 마지막 수업에 피자O에서 피자를 잔뜩 사고 콜라와 사이다, 피클도 많이 사서 신나게 운전을 해서 가니 어르신들은 피자 먹을 생각에 모두 모여 계신다.

엄마들이 아이 입에 음식이 들어가는 것과 농사꾼이 논에 물이 들어가는 게 제일 좋다는 말이 있듯이 나에게는 어르신들 입에 피자가 들어가는 모습만 봐도 배부르다. 맛있게 드시는 모습이 너무 좋다. 그동안 수업한 동영상을 보면서 서로 잘 나왔다고 칭찬하는 모습 또한 변화된 모습이다. 긍정적으로 바뀐 분위기가 너무 감사하다.

22회기라는, 6개월 가까운 긴 시간 동안 어르신들과 수업을 통한 교육뿐만 아니라, 미운 정도 고운 정도 같이 쌓았고 염려해 주고 배려해 주는 마음들이 차곡차곡 쌓인 것 같다. 수업 끝나고 선생님 대접하려고 온 동네 사람들이 다 모여서 삼계탕을 먹기로 했으니 먹고 가라고 하신다. 이장님을 비롯한 어르신들도 선생님 덕분에 맛있는 삼계탕, 잡채 등 별식 먹는다고 나한테 고맙다고 다 인사를 하신다. 온 마을의 잔치가 되어 버렸다. 나도 모르게 울컥한다.

신발을 신고 나오는 길에 순자 어르신은 집에서 한 된장인데 맛있다며 까만 비닐봉지에 된장을 담아주시고, 선생님 드리려고 어제 과수원 가서 캔 냉이라고 비닐봉지에 가득 담아 주신다. 이렇게 정이 많은 분들과 헤어짐이 너무 아쉽다. 항상 건강하시고 행복했으면 좋겠다. 지금도 참 많이 보고 싶다. 시간 내서 어르신들 뵈러 한 번씩 가야겠다.

강의하고 나면 끝났다는 안도감과 함께 허전함이 몰려온다. 오늘 강의 내용을 혼자 천천히 되짚어 보고 셀프 피드백을 한다. 그리곤 나 자신에게 잘했다는 칭찬과 함께 앞으로 더 잘하자는 다짐으로 끝을 맺는다.

나는 삶을 강의합니다

제5장

삶을 강의합니다

01
우리 삶이
주제입니다

난 내 나이가 참 좋다. 이제 쉰네 살, 강의하기 이보다 좋은 나이는 없는 것 같다. 어르신들에게 강의할 때는 부모님을 생각하면서 부모님께 이야기하듯 강의하면 공감이 형성되어서 좋다. 초등학교 학생들이나 중고등학생들에게 강의할 때는 내 아이 키울 때 내가 어떠했는지, 어떻게 반응했는지 기억해서 강의하면 아이들이 끄떡여 주고 호응해 준다. 학부모 교육을 가면 내가 아이 키우며 겪었던 고민, 마음을 생각해서 이야기해주면 다들 공감하기 때문이다. 우리 삶이 어느 것 하나 허튼 것이 있을까? 사람 사는 이야기가 곧 삶의 주제이다.

강의하다 보면 '늙으면 어린아이가 된다는 말이 딱 맞아.'라고 무릎 칠 일이 종종 있다. 어르신들이 원하는 건 관심 받는 것이기 때문이다. 특히 강의할 때 주의점은 골고루 기회를 주어야 한다는 것이다. 누구에게 질문하고 누구한테는 안 하는 것이 아니라 한 사람에게 질문했으면 나머지 모든 사람에게 돌아가며 질문을 강의 시간 내에 해야 한다는 규칙이다.

강사의 짐작으로 대답을 못 할 것이라고 배려해 주는 척하면

나는 삶을 강의합니다

서 건너뛰고 질문을 안 하면 서운함이 극에 달해 다음 시간에 참석을 안 하시는 경우가 종종 있기 때문이다. 예를 들어 "어르신, 오늘 수업하러 오시는 길에 뭘 보셨어요?"라고 질문하면

"난 오는 길에 봄이라 그런지 목련꽃이 봉우리가 맺혀서 한참 쳐다보다 왔어. 참 고상하고 예뻐요."

"난 오는 길에 오토바이랑 부딪칠뻔해서 놀라 한참 서 있다 진정하고 왔어요."

"난 오는 길에 어떤 아기 엄마가 유모차를 끌고 공원 의자에 앉아있는데 우리 증손주가 생각나서 아기랑 조금 놀아주고 왔어요."

"난 오는 길에 영감 살아 있을 적 생각이 나서 영감이랑 같이 걸었던 공원 한 바퀴 돌고 왔어요."

그런데 유독 어두운 얼굴로 가만히 앉아계시는 어르신이 있다. 다른 어르신들 대답에도 반응도 없고 인지능력이 떨어지는 분도 아닌데 무슨 일인가 신경이 쓰인다.

곁으로 가서 "어르신, 오늘 오시는 길, 뭐 보신 것이나 생각나는 게 있을까요?"라고 여쭤보니 "난 우리 아들이 어제저녁에 전화 왔는데 암이라고 하데요. 오늘 수업도 무슨 정신으로 왔는지 몰라요. 나한테는 시집와서 애가 안 생겨 시어머니한테 구박도 많이 받고 맘 고생고생하다가 결혼 7년 만에 귀하게 얻은 아들인데 그 아들이 아프대요. 선생님, 어찌해야 하나요? 아들이 엄마 걱정하지 말고, 치료 잘 받고 나을 테니 아무 걱정하지 말라는데 늙은 내가 죽어야지 우리 아들 잘못되면 어쩐 데요, 우리 아들 살아야 하는데."라고 걱정하신다.

그 자리에 계시던 우리 어르신들 다 한마음으로 걱정을 같이

해 주신다. 고생고생해서 낳은 아들. 그리고 절절한 그 모성애에 다들 애간장이 녹는다.

"어르신, 아드님이 아프니 어르신 마음이 어떠시겠어요? 당연히 천금 같은 내 아들이 얼마나 아플까 걱정이지요. 이렇게 걱정만 하고 어르신이 맥 놓고 있으면 되겠어요? 오늘 수업 끝나고 아드님 좋아하는 음식이라도 만들어서 아드님 한번 보고 오세요. 어르신이 눈으로 봐야 안심이 되지요. 혼자 상상하지 마시고 걱정도 너무 많이 하지 마시고 아드님 보고 오셔서 다음 주에 여기 같이 수업받는 모든 어르신이 지금 이 시각부터 아드님 완쾌되길 기도해주실 거예요. 어르신들 그렇게 해 주실 거죠? 그러니 편안한 마음으로 아드님을 만나야 아드님도 마음이 편안해서 치료 잘 받지요. 아셨죠?"라고 하니

"선생님, 이야기하고 나니 혼자 끙끙 앓을 때보다 훨씬 마음이 가벼워졌어요. 오늘 수업 끝나면 우리 아들 잘 먹는 달래 무침 해서 아들 집에 다녀와야겠어요. 선생님 말씀이 맞아요."라며 편안하게 수업에 임하신다.

이렇게 우리의 작은 사연 하나, 일상생활에서의 일들이 모두 강의 주제가 된다. 같이 아파하고 같이 걱정해주고 같이 염려해주고 같이 기도해주고 이런 모든 것들이 수업이고 강의이지 않을까 생각한다.

재작년 중학교 생명존중 교육을 갔을 때의 일이다. 생명존중 강의를 가면 그냥 때우는 시간이라고 편하게 생각하는 학생들이 있는가 하면 심지어 아예 엎드려 자는 학생들도 있다. 얼마나 피곤하겠는가? 밤 12시까지 학원에서 공부하고 집에 와서 숙제하

고 새벽에 일어나 눈 비비며 학교와 앉아있으니 얼마나 힘들겠는가.

나는 학생들한테 생명존중 강의를 가면 이야기한다. 혹시 그전에 생명존중 강의를 들어서 내용을 알고 있는 친구들은 엎드려 있어도 괜찮은데 조용히 해달라고 부탁을 하는 것이다.

강의를 시작하면 학생들은 어느새 고개를 번쩍 들고 내 강의에 집중한다. '지금 중학생들이 고민하는 게 뭘까?'라는 주제를 가지고 중간중간에 잠깐씩 강의를 해준다.

자존감에 대한 강의, 말에 대한 강의가 결국은 자살 예방으로 이어지는 연결선이기에 아이들은 생명존중의 따분한 강의라고 생각하지 않는다.

생명이 무엇인지, 왜 생명이 소중한지. 내 생명은 나의 것이니 내 맘대로 해도 되는지, 주위에 자살하려는 친구가 있을 때 어떻게 도와줄 수 있는지에 대해 정신건강 복지센터 교육 자료에 근거하여 강의한다.

중간중간 내가 아들, 딸 키울 때 우리 아이들이 힘들어했던 부분들, 또 아이들과 상담하면서 느꼈던 이야기들을 해주면 아이들은 어느새 자신들의 이야기에 눈빛을 반짝인다. 한 시간의 강의가 끝나고 여러분은 이제 생명 지킴이가 되었으니 주위에 힘든 친구나 자살을 생각하는 친구가 있다면 더 유심히 관찰하고 관심 가져주고 말 걸어주고 도와주기 바란다는 끝맺음 멘트를 끝으로 강의를 마쳤다.

교실 문을 열고 나올 때 어떤 여학생이 복도로 나오더니 내 앞을 가로막으며 "선생님 전화번호 좀 주세요. 제가 전화하면 받아주실 건가요?"라고 묻는다. "그럼 당연히 받지. 너 이름이 뭐야?

선생님에게 이름을 알려주면 전화를 꼭 받을게."라고 하고 서로 전화번호와 이름을 주고받았다.

며칠이 지나도 연락이 안 오길래 잊어버리고 생활하고 있었다. 한 달여쯤 지났을 때 그 친구한테 전화가 왔다. 이름을 밝히며 진짜로 선생님이 전화를 받으실 줄을 몰랐다고 한다.

"무슨 일 있니?"라고 물으니 "선생님, 저 자장면 사주세요."라고 한다. 중국집에서 약속을 잡고 나가니 벌써 와 있다. 그런데 살이 쏙 빠졌다. "자장면 먹을까?" 탕수육도 하나 시키자고 하니 배시시 웃으며 좋단다.

음식을 시키고 눈을 마주 보고 있으니 "선생님 놀라셨죠?" "아니, 네가 전화한다고 했잖아." "그래도요. 정말 생각 엄청 하고 전화 한 거예요." "그래 잘했어. 덕분에 선생님도 오랜만에 자장면이랑 탕수육 먹어 보게 생겼네, 고마워."

마침 자장면과 탕수육이 나왔고 둘이 말없이 먹는 데만 열중했다. 다 먹고 "차 한잔 마시러 갈래?" 하니 좋다고 한다. 차에 태워 외곽의 한가한 찻집으로 가니 핫초코를 먹겠단다. 아메리카노랑 핫초코가 나오고 난 또다시 아무 말 없이 기다렸다. 핫초코를 마시면서 20여 분이 지났을 때 말을 꺼낸다.

"선생님, 사실은 제가 학교에서 왕따예요. 초등학교 때부터 친구도 없고 아이들이 카톡 방에서 나만 왕따를 시켜요. 카톡 방에 안 들어가면 억지로 초대해서 불러놓고 그래요. 그 아이들은 그러면 재미있나 봐요. 제가 겉으로는 무심한 척해도 엄청 속상하고 괴로워요. 엄마가 알면 아마 제가 잘못했다고 저만 혼낼 거예요.

제가 문제 있어서 아이들이 저를 왕따 시킨다고요. 작년에도 엄마한테 말했다가 네가 바보 같아서 친구들이 안 놀아주는 거라는 말 듣고 더 상처받아서 이제는 누구한테도 말 안 해요. 그런데 학교도 가기 싫고 아이들이랑 부딪치는 건 더 무서워요. 때리지는 않는데 자꾸 제 물건을 가져가요. 어느 땐 신발도 가져가서 실내화 신고 집에 간 적도 있어요. 집에 가서는 엄마한테 신발 잃어버렸다고 하니까 네가 바보 같으니 아이들도 안 놀아주는 거라고 혼내기만 했어요. 아빠 없이 엄마랑 둘이 살기 때문에 엄마가 저를 키우느라 힘든 것도 알아요.

저도 집안일도 해놓고 청소도 열심히 하고 나름 노력하는데 엄마는 계속 제가 바보 같아서 그렇다고 저만 나쁜 아이래요. 이제는 엄마랑 아예 말을 안 해요. 학교에서도 말하는 친구가 아무도 없어요. 저는 한 달에 말 몇 마디 안 하고 지내요. 오늘은 정말 속이 터질 것 같아 선생님께 전화한 거예요. 선생님 절대 학교나 주위에 얘기하지 마세요."라고 부탁을 한다. 아이의 말에 마음이 아프다. 얼마나 힘들었을까? 얼마나 자신을 자책했을까?

"OO야, 너 바보 아니야. 너 지금 선생님이랑 이렇게 자장면 먹고 차 마시면서도 얼마나 잘 웃고 잘 이야기하는데, 바보들은 이렇게 못해. 바보 아닌 사람도 이렇게 못해. 너의 생각을 이렇게 선생님에게 말한다는 건 너는 너 자신을 아주 많이 사랑하는 사람이야. 너는 충분히 너를 있는 그대로 받아들일 힘이 있는 아이야. 지금 너를 선생님이 도와줄 방법이 뭐가 있을까? 이렇게 이야기 들어주는 것 말고……."

한참 찻잔을 들여다보더니 "그냥 가끔 이렇게 만나 제 이야기 좀 들어주세요. 그럼 그것만으로도 제가 살아 있다는 증거잖아요. 대신 자장면 값은 나중에 제가 돈 벌면 갚을게요."라고 한다.

그날부터 그 아이와 나는 38살의 나이 차를 극복한 친구가 되었다. 아무도 모르는 친구 사이를 원했기 때문에 우리는 비밀 친구가 되었다.

전화 오면 중국집 가서 자장면도 먹고 충주댐에 있는 찻집에 가서 차도 마시고 가만히 이야기를 들어주고 또 이야기해주기도 하고. 몇 번의 만남이 우리를 더 돈독하게 만들었다. 하지만 이 인연은 오래가지 않았다. 올해 초 엄마의 재혼으로 고등학교 진학을 타지로 가게 된 것이다. 지금은 전화 통화만 가끔 하는 사이지만 "선생님, 이렇게 저한테 숨구멍을 내주어서 감사해요."라는 말을 하는 아주 신통한 친구다.

생명존중 강의를 나가 만난 수많은 친구 중 가장 기억에 남는 친구이다. 이 친구도 이 시간이 지나면 아마도 삶의 영양분으로 힘들었던 시간을 기억하지 않을까 생각한다. 이렇듯 사춘기 아이의 고민도 우리 삶의 주제인 것이다. 우리 삶에 주제가 아닌 것이 뭐가 있을까? 없다. 모든 것이 우리의 이야기요. 우리의 삶이기 때문이다.

나는 삶을 강의합니다

02
사연 없는
인생이 있을까?

사람이 살아가는데 가슴에 상처 하나 없는 사람이 있을까? 좋은 일이든 나쁜 일이든 사연 없는 사람이 있을까? 아마 없을 것이다. 어느 시인의 '상처에 대하여'라는 시에서 '잘 익은 상처에선 꽃향기가 난다.'라는 대목이 나온다. 아마도 상처나 사연이 문제가 아니라 어떻게 잘 보듬어 주고 어떻게 잘 아물게 치유해 주느냐의 문제일 것이다.

나보다 9살 많은, 올해 예순세 살인 승숙이라는 외사촌 언니가 있다. 아버지는 중학교 선생님이셨고 엄마는 한글은 모르지만, 시골의 억척스러운 아낙네였다. 5남매의 둘째인 승숙 언니는 집도 부자고 딸이라고 해서 안 가르치는 것도 아니고, 그 시절 사람치고는 넉넉하고 부유한 집안에서 나고 자란 사람이다. 승숙 언니가 무던하게 크는가 싶더니 고3 봄방학에 갑자기 서울행 버스를 탔다. 며칠간 연락도 없고, 연락도 안 되고, 부모님은 애가 끓으셨다.

며칠 후 봄방학이라 언니 집으로 놀러갔더니 집 뒷산에 있던 언니가 손짓으로 나를 불렀다. 나보다 두 살 많은 승희 언니랑 나는 승숙 언니를 만나러 뒷산으로 갔다.

언니는 누구에게 맞았는지 눈이 시퍼렇게 되어서 나무 뒤에 숨어서 "언니 춥고 배고파 죽겠다. 집에 가서 가마솥에 있는 누룽지랑 광에 있는 떡 좀 가져다줄래?"라고 한다. "언니 집에 가지 왜~"라는 우리 말에 "집에 가면 아버지한테 맞아 죽어."라며 운다.

아니 어떤 놈한테 맞아서 눈도 시퍼렇게 되었건만 왜 아버지한테 또 맞는다고 한단 말인가? 그래도 얼어 죽는다고 가자고 잡아끄는 승희 언니와 나의 요청에 못 이겨 언니는 엉금엉금 눈치를 보며 가재걸음으로 집으로 들어왔다.

승숙 언니가 들어옴과 동시에 외숙모는 작대기로 언니를 사정없이 때린다. 왜 연락도 없이 어디를 기어갔다 왔냐는 말과 함께 꺼이꺼이 우신다. 아마도 미워서가 아니라 걱정이 쌓여서 가슴에 내려앉아 있었나 보다.

전날 밤 처음으로 승숙 언니네 부모님이 부부싸움 하는 걸 봤기 때문이다. 승숙 언니네 아버지인 외삼촌은 외숙모한테 여편네가 뭐 하느라고 딸내미가 어디 갔는지도 모르냐고 소리를 고래고래 지르셨다.

한글도 모르고 일만 할 줄 아는 외숙모라고 하지만 자식 사랑하는 마음은 어느 부모보다 지극정성 사랑으로 키우시는 분이신데 그런 말을 남편한테 들으니 얼마나 억울하였겠는가. 그 억울함보다도 딸에 대한 걱정으로 뜬눈으로 꼬박 새웠을 외숙모의 마음이 고스란히 전해진다. 언니는 아프다고 도망가면서 때리지 마시라고, 미안하다고 울면서 말한다.

한참의 소동이 지나고 나서 외숙모는 말없이 부엌으로 가서 가마솥에 할머니만 드시는 염소탕을 몰래 큰 냉면 그릇으로 한

가득 푹 퍼서 따끈한 밥이랑 가져다 언니 앞에 놓아준다.

"많이 먹어. 뭐 하러 집 나가서 고생해? 내일 학교는 꼭 가야 해. 여상이라도 학교는 가야 졸업장 준다. 얼른 먹어, 얼른 먹어." 라고 눈시울이 또다시 붉어지신다.

정신없이 허겁지겁 염소탕에 밥을 말아 먹은 승숙 언니는 밥 숟가락을 놓지도 못하고 꾸벅꾸벅 졸고 있다. 간신히 승희 언니랑 내가 베개 갖다가 누이고 상을 치우는데 갑자기 외숙모가 승숙이 언니를 깨운다. 간신히 잠들었는데 깨웠다고 성깔을 부린다. 금방 밥 차려준 엄마에게 하는 싸가지 하고는, 정말 재수 없는 언니였다.

외숙모는 승숙 언니를 붙잡고 갑자기 대성통곡하신다. 서울 가서 어떤 놈한테 몸 버리고 왔느냐고, 눈두덩이가 시퍼렇게 돼서 왔느냐고, 대청마루에 두 다리 벌리고 손으로 마룻바닥을 치며 대성통곡하시는 것이다. 승숙 언니는 "내가 누구한테 당하느냐고? 뭘 당하느냐고?"라고 물어도 외숙모는 네 모양새를 보라고 소리치신다.

승숙 언니는 "사실 엄마 금반지 계 탄 거 훔쳐서 서울 가서 쌍꺼풀 수술한 거야. 승희는 쌍꺼풀도 있고 예쁜데, 나만 아버지 닮아서 눈도 조그맣고 못생겨서 돈 갖다 주고 쌍꺼풀 수술 한 거야."라고 하니 외숙모가 후다닥 방으로 뛰어들어 가신다.

갑자기 작대기를 집어 드신다. "내가 네 할머니 몰래 한푼 두푼 쌈짓돈으로 계 들어서 네 오빠 장가갈 때 쌍가락지라도 하나 해 주려고 했더니만, 언제 쳐보고 그걸 훔쳐갔냐. 내가 딸년을 키운 게 아니라 도둑년을 키운 것이여. 이리와."라고 또다시 동네를 뛰어다니시며 언니랑 쫓고 도망가기를 반복하신다.

지금이야 쌍꺼풀 수술을 누구나 하지만, 40여 년 전에만 해도 쌍꺼풀 수술이 있는지도 몰랐던 나는 승숙 언니의 쌍꺼풀 수술이 큰 문화 충격이었다. 외숙모는 승숙 언니의 쌍꺼풀 수술보다 며느리 볼 때 쌍가락지 못 해주는 게 더 억울한 사연이 된 것이다.

이렇게 철없이 행동했던 승숙 언니는 수술하고 와서 얼마 안 있다가 연애를 시작했고, 남자는 어느 대학 원무과에 근무하는 사람이라고 했다.

밤이고 낮이고 붙어 다니며 연애를 하더니 스물두 살 어린 나이에 승숙 언니는 임신하고 결혼을 했다. 이때도 외숙모는 저 어린 것이 가서 뭘 안다고 시집살이를 하느냐고 예식장에서 엄청 우셨다.

외숙모 속도 모르고 결혼하는 게 마냥 좋은 승숙 언니는 싱글 벙글 좋아죽는다. 신랑 얼굴을 쳐다만 봐도 좋은지 얼굴에서 미소가 떠나지 않는다. 그렇게 결혼을 하고 시집에서 아이 낳고 시어머니를 비롯한 시누 시동생들이랑 같이 살았다.

스물두 살 한창 하고 싶은 것도 많고, 놀고 싶은 나이에 아이 낳고 시댁 식구들이랑 사는 게 어디 쉬우랴. 더군다나 홀 시모 밑에서 시누, 시동생 뒷바라지까지……. 맨날 안 살고 싶다고 친정엄마께 전화해서 울고불고하는 날이 허다했다.

그런 승숙 언니가 갑자기 집에서도 안 하던 공부를 한다고 했다. 아이는 시어머니께 맡기고 대학을 들어간다고 재수를 시작했다고 했다. 공부를 시작하는 이유는 시어머니가 우리 집에서 너만 대학 안 나왔다. 다 대학 나오고 대학 다니고 하는데 너만 고졸이야, 그것도 여상 출신이라며 구박을 했단다.

여상이 어때서, 머리 좋고 공부도 나름 잘 하고 했던 승숙 언

나는 삶을 강의합니다

니가 이 말에 자존심이 상한 것이다. 어디 내가 우리 아버지 피를 받아 얼마나 머리가 좋은지 보여 준다는 오기 하나로 시작한 공부다. 집안일도 똑 부러지게 하고 공부도 하고 하니 못하게 할 구실이 없던 시어머니가 나중에는 구박했던 걸 후회했단다.

어찌 됐든 언니는 아이 키우며 시댁 식구들 수발들고 생활하며 어머니로 아내로 며느리로 열심히 살면서 대학을 마쳤다. 학사가 된 것이다. 이미 언니를 스카우트하겠다는 보험회사도 많았고 교수님의 추천으로 여러 군데의 직장에서도 연락이 왔지만 나름 자기 일을 찾아서 하겠다고 계속 공부하기를 원했다.

그 사이 남편 되는 사람이 대학에서 근무하면서 공금을 횡령했다는 이야기가 전국뉴스로 나오고 얼마 있지 않아 아이들이 초등학교 3학년, 5학년 때 억울하다는 유서를 남기고 스스로 생을 마감했다. 마른하늘에 날벼락이 된 것이다.

아이 둘과 시어머니, 시누 한 명과 살았던 승숙 언니는 졸지에 가장이 되었다. 승숙 언니네 친정엄마인 외숙모는 "네가 쌍꺼풀인지 지랄인지 할 때 벌써 네 운이 이렇게 되려고 한 것이여. 왜 멀쩡한 눈은 찢어서 크게 만들고 지랄을 한 것이여."라며 별 걸 다 갖다 붙이신다.

승숙 언니는 참 열심히 열정적으로 사는 사람이지만 한꺼번에 해일같이 밀려오는 고난 앞에서는 주저앉을 수밖에 없는 나약한 여자이기도 했다.

남편이 세상을 떠난 이듬해 작은딸이 백혈병이라는 진단을 받고 투병을 시작했다. 젊은 시어머니는 아이를 돌봐 주지도 않고 돈을 버는 것도 아니고 철부지 시집 안 간 시누이는 집안일에서 손끝 하나 까닥하지 않는 전형적인 밉상 시누이였다.

서울 병원으로 간 작은딸의 병간호에 번역일로 하는 경제활동
이 만만치 않았다. 두 딸이 있기에 더군다나 아픈 자식이 있기에
더 악착같이 무너지지 않고 살아갔다. 살아가는 것이 아닌 버티
는 시간이 지나가고 7년여의 투병 끝에 작은딸은 완치 판정을
받고 다시 일상의 생활로 돌아올 수 있었다.

아무래도 친정 부모님의 그늘이 있으니 버틸 수 있었던 시간
이었으리라. 나중에 승숙 언니를 만났을 때 언니 말이 "내가 정
말 공부를 안 하고 그냥 집에 있는 전업주부였다면 그 시간을 잘
버틸 수 있었을까?" 하는 생각이 든다고 했다.

구박해준 시어머니가 감사하다는 말을 하면서. 어려서 딸 귀
한 집 첫째 딸이라고 할머니부터 친척들에게 온갖 사랑 다 받고
커오면서 해보고 싶은 것 다 했던 승숙 언니가 연애하고 결혼하
고 12년 만에 사별할 줄 누가 알았겠는가?

더군다나 둘째 딸의 발병은 아마도 순탄하게 살아온 사람으로
서는 죽을 만큼의 고통이었을지도 모른다. 그래도 엄마이기에 이
기고 잘 버틴 것이다.

승숙 언니는 말한다. "세상에 사연 없는 사람의 인생이 있을
까? 살아간다는 것 자체가 사연인 것을……"

몇 년 전 시어머니가 돌아가시고 딸들도 결혼해서 외손주들도
언니가 키우고 지금은 편하게 살 만도 한데 봉사 다니기에 바쁘다.
동네 경로당에는 너무 어려서 가면 같이 어울리지를 못한단다.

차라리 그럴 바에는 언니가 가지고 있는 웃음 치료사 자격증
으로 경로당이나 요양원에 가서 봉사도 하고 적십자 봉사도 하
고 그런단다. 사람들 만날 때가 너무 행복하다는 승숙 언니는 이
제 다시 쌍꺼풀 수술을 해야 할 것 같다고 한다.

　　　　　　　　　　　　　　나는 삶을 강의합니다

나이가 들어 안검하수로 눈썹이 눈을 자꾸 찔러 눈물이 난단다. 정말로 필요해서 하는 수술이라고 강조를 한다. 역시 인생은 살아봐야 안다. 살아가면서 생기는 상처는 내가 보듬고 내가 치유해야 나한테서 꽃향기를 낼 수 있다. 지금은 할머니라는 손자, 손녀들의 부름이 당연하듯이 곱게 늙고 있는 승숙 언니의 삶을 들여다보면서 세상에 과연 사연 없는 인생이 있을까 하는 생각이 든다.

03
별별 일이
다 있지요

강의를 가면 내가 연습하고 상상한 대로 되는 경우는 극히 드물다. 생각지도 않은 변수들이 종종 속출한다. 그 변수들을 어떻게 대처하는가가 강사의 능력에 좌우된다고 생각된다. 한번은 다문화 엄마들의 자존감 강의가 들어왔다. 연령은 20~35세 사이란다. 35명 정도의 규모로 자존감을 올려 줄 수 있는 강의가 들어왔다. 강사 초년 시절이었다.

외국에서 온 아기엄마들이 의외로 문화가 다른 우리나라 남편이나 시어머니와의 갈등에 대처하기 어려워 가정이 파탄 나는 경우가 왕왕 있을 시기였다. 의기양양하게 준비를 했다.

'내가 살아야 나머지도 존재하니까.'라는 우리나라 아기엄마들의 수준으로 준비해갔다. 담당자분이 말귀도 다 알아듣고 말도 곧잘 하는 엄마들이라는 정보를 주셨기 때문이다.

나도 그 시절을 보냈고 지금 내 주위의 사람들도 보내고 있으니까 걱정하지 않고 편히 마음먹었다. 준비를 단단히 하고 가벼운 발걸음으로 강의장에 20여 분 미리 도착했다.

점심들을 먹고 막 치우는 분위기, 한 엄마에 아기들이 1~3명까지 야단법석이다. '강의를 할 수 있을까?'라는 의문이 들었다. 한국말로 대화하는 사람은 하나도 없다. 다 자기 나라말로 대화한다. 그것도 같은 말이 없다. 사람마다 말이 다 다르다.

난감한 표정의 나를 발견한 담당자분이 얼른 다가와 걱정하지 마시라고 통역사가 같이해 준다고 안심을 시킨다. 휴, 그렇겠지. 잠시 후 통역사분이 왔다. 아~ 나랑 같이 심리 공부를 했던 베트남 출신의 똑똑한 선생님이었다. 여기서 근무하는구나 싶은 마음에 신통하기도 하고 반갑기도 했다. 통역사 선생님이 아는 사람이니 더더욱 안심됐다.

강의를 시작하기 위해 장소를 이동했다. 담당자분이 아기들을 유아 방으로 이동시키고 청강자들만 남겨놓았다. 30여 명 되는 아기 엄마들은 그야말로 내 딸보다 한두 살 많은, 내 눈에는 어린 아이 같았다.

긴 U자 모양으로 앉아 강의를 시작했다. 문제가 생겼다. 통역사 선생님은 베트남 사람인데 강의를 듣겠다고 모인 아기엄마들은 7개 나라에서 온 사람들이다. 끼리끼리 앉아서 자기 나라말로만 대화한다. 통역사 선생님에게 물어봤다. 다 통역하는 것 아니냐고 하니 베트남과 필리핀 정도만 하고 나머지는 보디랭귀지로 한단다.

아뿔싸. 청강자끼리도 말이 안 통하는데, 더군다나 통역사하고도 말이 통하지 않는 청강자들에게 자존감 강의를 어떻게 한단 말인가? 내가 다국어를 하는 것도 아니고. 잠깐 고민에 빠졌다.

강의를 의뢰할 때 담당자분은 멀리서 와서 향수병이나 나이 많은 한국 남편분이나 시어머니들을 어려워한다고, '자존감을 높이면 가정이 화목해지지 않을까.'라는 목적으로 강의를 의뢰한다고 했던 말이 생각났다.

그래, 어찌 됐든 자존감 강의만 하면 되는 거지, 우리는 만국 공통어인 보디랭귀지가 있지 않은가? 누구나 다 몸은 가지고 강의장에 왔으니 얼마나 다행인가 싶어 슬며시 웃음이 피어났다.

다 젊고, 한창 놀고 싶고, 아이도 예쁘게 잘 키우고 싶고, 자신도 꾸미고 싶고, 누구보다 멀리 이역만리 시집와서 사랑받고 싶지 않겠는가? '그렇게 하려면 내 의사 표현을 먼저 하고 내가 건강해져야 한다.'라고 생각한 나는 자존감 수업을 몸으로 하기 시작했다. 일단 노래를 틀어놓으니 다 따라 한다. 역시 우리나라 트로트는 젊은 외국 엄마들에게도 인기가 좋다. 같이 몸을 움직이며 춤을 한 번 추고 나니 다들 얼굴이 환하게 피었다.

게임도 하다가 중간중간에 내가 배우고 싶거나 나에게 기분 좋은 말이나 행동을 해주면 잘 간직하자며 양손을 벌려 내 몸쪽으로 가져오는 행동을 보이며 '내꺼'라는 말을 하게 하고, 날 속상하게 하거나 할 수 없는 일을 시켜서 맘 상하게 할 때는 오른손을 들어 손바닥을 바깥으로 보이게 하며 '반사'라는 말을 하게 했다. 중간중간 수도 없이 '내꺼'와 '반사'를 반복했다.

강의 후반으로 갈 때 하나 같이 '내꺼', '반사'를 자연스럽게 한다. 그다음은 '내꺼'와 '반사'라는 말을 하면 상대방이 알아들어 기분 나쁘니 '내꺼'와 '반사'는 속으로 하고 손동작만 하게 했다. 옆 친구가 기분 나쁜 말을 하면 바로 손바닥을 바깥으로 들어 보이는 행동을 하고, 앞사람이 예쁘다 같은 기분 좋은 말을 하면 양손을 쓸어 모아 몸쪽으로 가져오는 행동을 하게 했다. 계속해서 강의 중간중간 수 없는 반복이 또 이루어졌다.

사람의 습관을 들이는 데는 신호와 반복행동과 보상이 따르기 때문이다. 우리가 누가 나한테 어떤 영향을 준다는 신호가 오면 내가 정한 행동을 반복하고 그 보상으로 기분 좋은 마음이라든가, 상처받지 않는 것으로 해야 한다.

제일 중요한 것은 반복행동이다. 끝날 때가 되어가니 모든 사람이 '반사'와 '내꺼'의 표현을 정확하게 행동한다. 그래, 자존감 강의가 별건가? 자신의 있는 그대로 인정하고 자기의 의사 표현을 함으로써 부당한 대우를 받지 않는 억울한 일이 없고, 내 마음이 행복하면 되는 것이지. 그럼 아이들에게도 남편에게도 시어머니에게도 대하는 태도가 달라질 것이다. 나에게 대하는 태도가 달라지면 주위의 모든 사람과 관계가 좋아지기 때문이다.

2시간 동안 말도 많이 안 하고 몸으로 하는 강의, 중간중간 자존감 강의까지 난 정말 이런 강의는 처음 해봤다. 일곱 개 나라 사람들과의 강의는 내가 강의에 대한 자세를 다시 한번 재정립하는 계기가 되었다.

친구가 병원에서 봉사활동을 한다. 이제는 아이들도 모두 외국에 가서 공부하고 있고 남편도 암으로 2년 전 세상을 떠나 혼자 적적하게 집에 있으니 남편이 떠난 병원에서 시간 날 때마다 자원봉사한단다. 집에서 프리랜서로 일하다 보니 가능한 상황이었다. 이 친구가 하루는 나에게 병원에 와서 40여 분만 웃음 치료 강의를 해달라고 연락이 왔다.

암 환우들은 오래 앉아있으면 힘들어하니 짧은 시간 해야 한다고 한다. 웃을 일이 별로 없는 환우들에게 웃게 해주고 싶단다. 친구의 부탁으로 멀리 경기도의 한 병원으로 향했다. 사람의 선입견이라는 게 참 무섭다. 환우분들이라는 선입견에 우울함을 머리에 넣고 갔다. 병원 강당으로 들어서자마자 다들 손뼉을 치며 나를 환영해 준다. 내가 몸을 한 번씩 흔들어 춤을 추면 휠체어에 앉아 배꼽을 잡고 꾸부리며 웃는다. 너무 밝다.

아, 환우라는 생각이 안들 정도로 잘 웃고 즐거워하신다. 한 아주머니는 내가 이제껏 살면서 이렇게 많이 웃고 이렇게 즐거워 보긴 처음이라고 하신다. 다들 화기애애한 분위기 속에서 휠체어에 앉아계시던 남자 환우 한 분이 머리를 붙잡고 쓰러지신다. 너무 놀라 같이 참여해 있던 의사분과 간호사분들이 환우분을 돌보고 순간 침묵이 흐른다. 병원 암 환우 분들과 함께하는 웃음 치료가 처음이라 상식을 몰랐던 나의 불찰이었다.

우리는 웃으면 무조건 좋다고 한다. 웃으면 복이 오고 웃으면 젊어지고 웃으면 진통 효과가 있고 무수히 좋은 말들을 한다. 암 환우분들은 갑자기 박장대소처럼 너무 웃으면 피가 머리로 쏠려 두통이 온다는 걸 몰랐다. 어느 선까지 해야 하는지를 몰랐던 나는 박장대소를 하면 다 좋은 줄 알고 무조건 웃기기만 하던 웃음 치료 강사 초보 시절에 일어난 일이었다.

신속히 옆에 의료진분들이 있어서 별일은 없었지만, 내가 강의했던 중에는 등에 식은땀이 흘렀던 시간이었다. 무사히 강의를 잘 마치고 쓰러지셨던 환우분이 나 때문에 분위기를 흐려서 미안하다고 사과했지만, 도리어 내가 죄송하다고 손을 맞잡고 서로 사과한 일이었다.

이렇게 강사는 청강자의 상태를 확인하고 청강자가 받아들일 수 있는 만큼의 강의 내용을 해야 한다는 걸 또 한 번 깨달은 시간이었다.

나는 삶을 강의합니다

친구가 운영하는 학원에 친구를 만나러 갔다가 번개로 친구가 학부모 교육을 요청했다. 갑자기 이루어진 강의인데도 학부모들이 13명이나 참석했다. 준비해 간 것도 아니고 즉석에서 이루어지는 학부모 교육이라는 소식을 듣고 온 학부모들도 별 기대는 안 하고 원장님이 참석하라니 참석한다는 마음으로 온 사람들이다.

하지만 내가 누구인가? 나는 프로 강사다. 한 사람이든 열 사람이든 백 사람이든 상관없이 사람을 살리는 강의를 하자는 것이 나의 마인드이기 때문에 청강자의 수에 상관없이 강의를 시작하였다.

'내가 행복해야 아이도 행복하다.'라는 주제로 강의를 시작했다. 먼저 질문을 했다. '내 아이가 전교 회장을 하면 나는 기분이 어떤가?'라는 질문에 다 좋다고 말한다. 왜 좋으냐고 물으니 전교 회장이라는 감투를 써서 좋고, 인정을 받아 좋고, 내가 나가서 자랑거리가 생겨서 좋고, 내 아이가 자랑스러워서 좋다고 대답한다.

그런데 한 학부모는 기분 안 좋다고 대답한다. 왜냐고 질문하니 전교 회장이 되면 부모가 돈을 많이 써야 해서 싫다고 대답한다. 그럼 학부모님들은 전교 회장이 된 내 아이에게 무슨 말을 해주고 싶으냐고 물으니 수고했다, 고생했다, 애썼다, 사랑한다, 자랑스럽다고 말하고 싶다고 한다.

이 부분에서 나는 아무 말도 안 하고 학부모들을 30여 초 조용히 응시하고 있었다. 학부모들은 순간 조용해지면서 '왜?'라는 눈빛으로 쳐다본다.

"여러분들이 내 아이가 회장이 돼서 좋고, 회장이 돼서 돈 쓸까 봐 싫고, 회장 되느라고 수고했다, 고생했다, 애썼다, 자랑스럽다는 등 말을 해주고 싶은 건 누구의 관점인가요? 아이를 통한 대리만족이 아닌가요? 내 아이를 통해서 누구에게 잘 보이고 자랑하고 싶고 뭔가를 보이고 싶은 욕망이 아닌지 가슴에 손을 얹고 생각해보시기 바랍니다. 내 아이가 내 자랑거리의 도구가 아닌지 생각해보시기 바랍니다. 사랑하는 내 아이인데 당연하지 않으냐고, 키웠는데 그 정도도 못하느냐고 하신다면 그 가치관에는 제가 답을 드릴 수 없지만, 정말 내 아이를 사랑한다면 회장이 돼서 내 아이가 좋아하고 자랑스러워하는 내 아이를 자랑스러워해야지 회장 타이틀에 대한 자랑스러움은 아니란 뜻입니다. 왜 이런 현상이 일어날까요?

내 이야기가 없기 때문입니다. 내 이야기가 없으니 아이 이야기, 남편 이야기, 친구들 이야기 등 내 주변 사람의 이야기를 하는 것입니다. 주위의 모든 것이 내 자랑스러움이고 내 것이라고 착각하고 살아가고 있습니다. 우리 학부모님들이 제일 많이 하는 착각 중 하나입니다. 아이는 내 소유물이 아닙니다. 내 아이의 마음을 읽어 주는 것이 부모의 마음이어야 됩니다. 그렇게 하려면 내 이야기가 있어야 합니다. 내 아이의 이야기가 아닌 내 이야기가 있는 사람은 아이를 도구로 삼지 않고 당당한 삶을 삽니다. 아이도 그런 엄마를 인정하고 주위 사람들도 학부모님들을 인정할 것입니다. 내가 행복해야 아이한테도 부드럽게 잘 해줄 수 있습니다.

내가 행복해야 주위가 너그러워집니다. 절대 아이한테 빨대 꽂아서 내 인생인 것처럼 살려고 하지 마십시오. 내 인생을 사십시오. 그리고 행복하십시오. 그것이 내 아이가 행복해지는 길입니다."라고 강의를 끝냈다.

갑자기 학부모 중 한 분이 흐느껴 울기 시작한다. 깜짝 놀라 옆에 가서 어깨에 손을 얹고 가만히 기다려주었다.

한참 울고 난 후 "선생님, 제가 저희 아이한테 빨대였네요. 저희 아이 성적이 제가 엄마들 틈에서 어깨에 힘주는 에너지가 됐고, 저희 아이 상장의 개수가 저의 계급처럼 그렇게 살았었는데, 오늘 강의를 들어보니 제 아이의 삶에 자꾸 거름이 아닌 시멘트를 부어주고 있었네요. 살리는 것이 아닌 죽이는 엄마였어요. 강의 들으면서 계속 눈물이 났어요. 선생님의 강의가 제 아이를 보는 눈을 다시금 뜨게 만들어 주셔서 진심으로 감사드려요. 감사합니다."라고 인사를 한다. 생각지도 못한 인사에 감동이 밀려온다.

강사는 이렇게 누군가 나의 강의를 듣고 반성하고 변화되어가는 과정을 보는 것만으로 보람을 느낀다. 사람 살리는 강의, 사람 살리는 이야기, 사람 살리는 에너지를 전하는 강사가 되고 싶다. 별의별 일이 다 있지만, 다 힘든 것도 다 좋은 것도 아닌 그냥 별의별 일들일 뿐이다.

하루살이도
삶이 있다

경로당 수업을 하다 보면 어르신들은 말씀하신다. 80년도 더 살았는데 생각해보면 눈 깜짝할 새에 지나갔다고. 너무 고생해서 정말 왜 이리 세월이 안 가는지 원망한 적도 많았는데 이제 죽을 때가 되어 돌아보니 그 많다고 생각됐던 시간이 어느새 눈 깜빡할 새 지나가 죽을 날을 기다리는 늙은이가 되어버려 서럽다고.

수업시간까지는 두어 시간 남았고 커피숍 가서 커피 마시며 책을 읽는 것도 좋지만, 그래도 어르신들과 이야기 나누는 것이 좋겠다 싶어 경로당으로 걸음을 옮겼다. 경로당 문을 여니 어르신들이 모여 지난번에 드린 돈 퍼즐 맞추기에 한창이다.

한쪽에 경순 어르신이 창밖을 바라보며 혼자 앉아계신다. 요즘 부쩍 수업시간에도 순간순간 그늘이 지나가는 것이 신경 쓰였는데 오늘도 얼굴에 그늘이 한가득하다. 어르신들께 인사를 하고 슬쩍 경순 어르신 옆에 가서 앉으니 그때야 선생님 오셨냐고 인사를 하신다.

왜 이리 혼자 계시느냐고 여쭈니 그냥 다 귀찮고 무상하다고 하신다. 그럴수록 자꾸 어울리셔야죠. 말도 하고 퍼즐도 같이 맞추고 하니 다 부질없는 짓이라는 생각이 든단다. 오늘도 경로당 오기 싫은데 그래도 선생님 오신다고 하니 재밌게 웃기라도 한다는 마음에 발길을 돌려 왔다고 하신다.

경순 어르신은 내 손을 잡더니 경순 어르신의 인생 이야기를 시작하신다.

"선생님. 내가요, 정말 불쌍한 사람이유. 어찌 보면 선생님 말씀대로 복 있다고 생각하면 그럴 수도 있지만 내가 죽을 때가 됐는지 나 자신이 너무 불쌍하다는 생각이 자꾸 들어서 눈물이 나요. 우리 친정아버지가 노름꾼에 난봉꾼에 못된 짓은 다 하고 다니시는 분이셨어요. 그래서 나도 노름에서 진 빚 때문에 팔려서 시집온 거예요. 시집인지도 모르고 와서 보니 줄줄이 시댁 식구들은 널려있지, 며느리를 얻은 게 아니라 식모 하나 구했다고 보면 돼요. 맨날 때리고 일 부려먹고 했으니깐, 참 고생 엄청 많이 했어요."라며 눈물을 글썽이신다.

"어르신 진짜 고생 많으셨네, 우리 어르신이 이렇게 고생해서 자제분들도 다 잘 키우셨다면서요." 하니 "그렇죠. 나처럼 살면 안 되니까, 죽을똥 살똥 일했구면요. 지금 생각하면 그 세월을 어떻게 견뎠을까 싶어요. 정말 죽을 것 같은 시간이 지금 생각하면 눈 깜짝할 새구면요.

새벽 깜깜할 때 우리 밭으로 가서 일을 혀요. 동이 트면 와서 애들이랑 시어머니 밥해서 진지 드리고 다시 남의 집 품삯 팔러 가서 남의 밭일 해주고 품삯 받아오고, 저녁 얼른 해서 식구들 주고, 난 깜깜해지면 또 우리 밭으로 가서 일해요.

그러니 잠을 매일 3~4시간밖에 못 자고 땅만 파고 일만 한 거예요. 내가 허리가 안 펴지는 이유가 하도 꼬부리고 일을 해서예요.

언제나 시간이 가서 애들도 크고 나도 일 좀 그만하려나 했더니 이제는 일하고 싶어도 몸이 말을 안 들어 밭에도 못 나가요." 하신다. 얼른 다른 곳으로 화제를 돌려본다.

"시어머니가 어르신 고생 많이 시키셨어요? 시집살이요?"라고 질문하니

"그럼요. 진짜 지금 생각하면 참 나쁜 노인네였어요. 아침에 밥해놓고 식구들하고 나가면 챙겨 드시면 여간 좋아? 그런데 내가 챙겨 줄 때까지 안 먹고 기다리고 있는 것이여. 시어머니 밥도 안 주는 못된 년이라고 큰소리로 동네방네 들리게 마룻바닥을 치며 대성통곡하시면 내가 정말 몸 둘 바를 몰라 발을 동동 구른 적이 한두 번이 아녀.

일하다가, 남의 집 품삯을 가도 난 점심을 못 먹고 집에 와서 시어머니 진지를 챙겨드리고 다시 가서 일하곤 했어. 요즘 사람들 같으면 어림도 없는 소리지, 그때는 그게 당연하다 생각하고 했지, 한번은 비가 오는데 품삯 일이 취소된 것이여. 이때다 싶어 그동안 밀린 우리 집 밭에 가서 비닐을 머리만 뒤집어쓰고 밭을 매고 있었지,

한참 정신없이 일하는데 시어머니가 찬장에 있어야 할 반찬들을 한꺼번에 모아서 가지고 밭으로 오더니 일하는 내 머리 위에 쏟아붓는 것이여.

때 지났는데 밥도 안 주고 일만 한다고, 비닐 뒤집어쓴 머리 위로 짠지며 깻잎 등 반찬이 쏟아지는데 시집살이 15여 년 만에 처음으로 밭에 철퍼덕 주저앉아 시어머니 면전에 대고 나야말로 대성통곡을 했어. 반찬 들고 나올 힘이 있으면 식구들이랑 진지 좀 챙겨 드시지 노는 것도 아니고 뼈 빠지게 일하는 며느리한테

나는 삶을 강의합니다

이렇게 해야겠느냐고.

남편도 죽고 없는 이 집구석에서 내가 소냐고. 맨날 일해도 이렇게밖에 대우 못 받을 바에는 그냥 새끼들이고 뭐고 필요 없으니 혼자 나가겠다고. 이 집구석 진절머리 넌덜머리가 난다고 하니까 시어머니가 멈칫하시는 거야.

내가 남편 죽고도 말 한마디 안 하고 어린 나이에 애들하고 살고 있으니 평생 찍소리 없이 당신 입맛대로 살 거로 생각했는데 다 버리고 못 하겠다고 가겠다고 하니, 순간 겁도 나셨던 것이지. 그런데 살아온 세월이 있으니 나한테 억지소리를 해대기 시작하는 거야. 저년이 밖에 서방 만들어놔서 밤이고 낮이고 밖으로만 기어나가는 거라고.

그 즉시 밭에서 일하던 호미며 뒤집어썼던 비닐봉지며 다 벗어버리고 집으로 와서 발만 대충 샘에서 씻고 집안으로 들어와서 짐을 싸기 시작했어.

애들한테는 마루에 모아놓고 엄마가 서울 가서 식모살이하든 무엇을 하든 돈을 벌어서 너희들을 데리러 올 테니 그때까지만 힘들어도 할머니 말씀 잘 듣고 있으라고 하니 막내딸이 학교 들어가기 전이니까 6~7살 때일 거야. 막내딸이 울면서 내 다리에 매달리며 엄마 따라간다고 할머니 무서워서 싫다고 매달리는 것이여.

그때 대문 안으로 시어머니가 들어오더니 처음으로 풀죽은 목소리로 '가지 마라. 내가 애들이랑 앞으로 밥 차려 먹을 꾸마.' 하고는 방으로 들어가시더라고. 지금 생각하면 그 한마디에 막내딸이 매달리는 마음에 다시 주저앉아 버린 거지.

돈벌이 한 푼 안 하시는 시어머니랑 4남매 키우는 게 쉽진 않앉지, 참 많이 힘들었어. 그 뒤로 시어머니는 어쩌다 한 번씩 밥을 차려 먹어도 예전처럼 나한테 욕을 하거나 구박하진 않았어. 대신 막걸리를 시도 때도 없이 드시니 맨날 막걸리값 달라고 하셨지, 애들 공책도 사야 하고 돈 들어갈 곳이 많은데도 시어머니 막걸리값만은 참 열심히 벌어다 드렸어.

왜냐하면, 나를 구박하지 않는 것만으로도 고마워서. 지금 같으면 참 바보 같은 생각이지만 그때는 그렇게 살았어. 금방 죽을 것 같다고 맨날 타령하던 시어머니가 90을 사셨어.

나랑 징그럽게 오래 사셨지. 아들도 없는 집에서 홀 며느리랑 살려니 당신 큰소리치고, 막걸리 먹는 기운으로 사신 거지. 몸은 편하게 살았어도 자식 앞세우고 가슴에 묻은 자식 쓸어내리며 살았을 시어머니도 돌아가시고 나니 불쌍하단 생각이 들더라고.

이렇게 사람이 나이가 들어가니 너그러워지고 틈이 생기는 법인 것 같아요. 난 우리 시어머니같이 안 되려고 우리 며느리들한테 한 번도 전화한 적 없고, 오라고 미리 얘기한 적도 없어. 며느리가 오면 고맙고 안 오면 나한테 돈 달라고 안 하니 자기들끼리 잘사니 고맙고, 감사하다 생각했지, 우리 시어머니를 보면서 내가 깨달은 것은 며느리를 얻으면 우리 시어머니랑 무조건 반대로 해야겠다고 생각한 거여.

그랬더니 한날은 우리 며느리가 어머니는 어째서 다른 시어머니들처럼 잔소리도 안 하시고 뭐든지 다 어머님이 하려고 하시냐고, 이제는 그러지 마시고 필요한 것이 있으면 부탁하시라고 하길래 내가 그랬지,

너네, 돈 벌어 살기 바쁜데 뭘 시키나. 정 하고 싶으면 내 집에 올 때 피자나 한 판씩 사 와서 같이 먹자. 지난번에 보니 아이들

이 피자라는 걸 잘 먹던데, 나도 먹어 보니 먹을 만하고, 할머니 집에 올 때 뭐 맛난 게 있어야 애들이 오고 싶을 거 아녀. 가끔 애들이랑 올 때 피자 사 와서 먹자. 할머니 집에 대한 좋은 기억을 남겨주고 싶다 했더니 며느리가 갑자기 울기 시작하는 거야.

어머니가 너무 고생하고 무조건 베풀기만 해서 받기만 하는 사랑이 죄송하다고. 이렇게 어른이 잘 하면 효자 효부를 만드는 겨. 고부갈등 내 대에서 끝내야지. 제사도 내 대에서 끝낼 겨. 그게 뭐가 중요해? 애들이 편하게 사는 게 중요하지, 산 사람이 젤 중요한 겨. 내가 편하면 모든 게 편안하게 돌아가는 겨. 나까지만 고달프면 돼."라고 말씀하신다.

참 현명하고 지혜로운 분이시다. 내가 고생했으니 며느리도 고생해봐야 한다고 하시는 분들이 의외로 많다. 시집살이도 당해본 사람이 더 시킨다는 뜻이다.

그렇지만 경순 어르신은 아니다. 그 고생들이 힘듦이 쌓여서 지혜가 되신 분이다. 어찌 저리 생각하기가, 마음먹기가 쉬운가? 얼마나 많은 마음을 내려놓고 비우는 연습을 하셨을까 싶다.

문득 먼 창문 밖을 바라보며 중얼거리신다. "이렇게 눈 깜짝할 새 갈 줄 알았으면 나도 내 인생을 좀 더 살아봤을걸. 평생을 10여 년의 남편 살 섞은 정분 말고도, 나도 여자로서 사랑도 흠뻑 받아보고, 내가 해보고 싶은 공부도 해보고, 여행도 다녀보고, 분도 발라보고, 해보고 싶은 것 좀 해보고 살 것을. 죽도록 일만 하고 이제는 양쪽 다리 다 무릎관절 수술하고 허리는 꼬부라지고 꼬부랑 할머니가 되니 참 덧없다는 생각이 문득문득 들어요."라고 하신다.

"어르신 이렇게 제 수업에 오셔서 공부하시면 되고, 웃고 즐겁게 지내면 그것이 어르신이 못 해본 걸 지금 하나씩 하시는 거예요. 너무 자꾸 덧없다고 생각하지 마시고 수업시간에 꼭 오셔요."라고 하니 고개를 끄떡이신다.

그날 수업시간에 하루살이에 관한 강의를 했다. 어르신들에게 하루살이는 며칠을 살까요? 라고 질문하니 "선생님, 하루살이는 하루만 살지, 이틀을 살까 봐?"라고 대답하시곤 모두 깔깔깔 웃으신다. 모두 소녀 같으신 표정이시다.

"그렇죠. 하루살이는 하루만 살아요. 하루살이가 친구랑 놀다가 저녁때 헤어지면서 꼬부랑 할아버지가 돼서 친구야 낼 또 만나자고 말하고 헤어졌데요. 이튿날 이 하루살이 친구들은 만났을까요? 못 만났을까요?"

"선생님, 하루살이가 하루만 살고 죽는데 어떻게 또 만나요, 못 만나죠."

"네 맞습니다. 하루살이는 아침에는 아기였다가 저녁이면 노인 하루살이가 돼서 죽겠죠. 우리 인생도 그렇습니다. 영원히 살 것처럼 하지만, 어르신들 지나온 길 돌아보면 언제 시간이 이렇게 빨리 지나갔나 하는 생각이 드시죠?

어느 때는 허무할 때도 있고 어느 때는 즐거웠던 추억에 미소 지을 때도 있을 겁니다. 하지만 지금부터는 이 순간부터는 하루살이라고 생각하고 사시는 거예요.

오늘이 내가 사는 마지막이라고 생각하고 사세요. 주위에 친구들 만나고 싶으면 만나고, 자식들에게 고마우면 고맙다고 표현도 하고, 손자 손녀들에게 사랑한다고 전화로 말도 하고, 먹고 싶은 것 있으면 돈 들더라도 사 드세요.

또 아프면 돈 아끼지 말고 병원에 꼭 가세요. 아프면 나만 손해예요. 돈 아낀다고 병원에 안 가면 자식들이 절대 고마워하지 않아요. 내가 써야 내 돈이에요.

오늘부터 하루살이의 인생을 사는 거예요. 시간을 수평적으로 과거, 현재, 미래가 아닌 수직적으로 아침에 태어나서 점심에 잘 살다가 저녁 잠자리에 '오늘 하루 잘 살았으니 끝이다' 생각하고 편안히 잠드세요.

그러다 이튿날 아침 눈 뜨면 '살아 있어서 감사합니다.'라는 말로 아침에 또 태어나고 또 하루를 사는 거지요.

그렇게 하루살이 인생을 살면 억울할 것도, 화날 일도, 나쁠 일도 없어요. 그냥 지금 내가 하고 싶은 것 하면서 열심히 내 맘 대로 살면 되시는 거예요. 그렇게 하실 수 있겠어요?"

"선생님 얘기 듣고 보니 정말 맞는 말씀이구먼요. 그러면 다른 사람한테 원망할 일도 서운할 일도 없겠구먼요."라고 하시면서 노력해보겠다고 하신다.

우리는 살아가는 데 자꾸 과거를 현재에 끌고 와 후회를 하고, 미래의 불안을 끌고 와 자꾸 걱정한다. 그냥 하루살이처럼 현재 만 열심히 살면 된다. 하루살이도 자신의 삶이 있기 때문이다. 시간을 수평이 아닌 수직으로 매일 다시 태어난다면 훨씬 편안 한 마음으로 살아갈 것이라 생각한다.

0.5
바보처럼 살아도
행복하다면

경자라는 아주 예쁜 새댁이 있다. 동네 사람들은 경자 씨를 모자란다고 말한다. 지적능력이 떨어지지만 일상생활하는 데는 별 문제가 없다. 지적능력이 떨어지기에 더 겸손하고 더 몸을 사리지 않고 무슨 일이든 앞서서 한다.

둥글둥글한 몸매에 머리는 짧은 상고머리처럼 하고 입가에는 언제나 웃음이 머무는 사람이다. 동네에 무슨 일이 있으면 빨간 앞치마를 두르고 제일 먼저 부엌으로 달려가 파 다듬고 채소 다듬고 이것저것 씻고 잔일들을 도맡아 한다. 그러면서도 얼굴에는 웃음이 떠나지 않는 사람이다.

얼마 전 마지막 수업 날, 선생님 삼계탕 대접을 해주고 싶다는 명목하에 동네 사람들 모두 모여 밥을 먹기로 했다고 한다. 괜찮다는 손사래에도 불구하고 이장 사모님의 진두지휘 아래 30여 마리의 삼계탕용 닭을 시내 시장에서 사다가 손질한다.

경자 씨가 부엌 한쪽에다 마늘을 펼쳐놓고 엉덩이를 들썩이며 노래를 하면서 까고 있다. 얼마나 신나게 일을 하는지 경자 씨 옆에 있는 사람은 누구나 다 입가에 웃음을 머금게 된다. 한쪽에서는 잡채 거리도 다듬고, 또 한쪽에서는 달래 무침 할 달래도

　　　　　　　　　나는 삶을 강의합니다

다듬고, 경로당 앞 밭에서 캐온 냉이도 다듬고, 동네 부녀회원들 손이 모두 바쁘시다. 방에서는 어르신들의 수업이 진행 중이다. 어르신들은 수업하면서도 선생님 진지 잘해야 한다고 자꾸 이탈하셔서 부엌을 한 번씩 들여다보신다.

예전에는 다 어르신들이 하던 일을 이제는 이장 사모님 등 동네 부녀회원들에게 맡기자니 안심이 덜 되는 모양이시다. 이장 사모님이나 부녀회원들 나이도 보통 65세가 다 넘는데도 어르신들 눈에는 아직도 새댁으로 보이시는지 잘 못 믿으시는 눈치다.

반면 경자 씨는 부엌에서 마늘을 까면서도 방에서 하는 수업이 궁금하다. 골방 쥐처럼 한 번씩 살짝 문을 열어보고, 씩 웃고 닫는다. 마음이 콩밭에 가 있다. 부녀회장님이 한마디 하신다.

"얼른 와 마늘 까~"

경자 씨가 후다닥 문을 닫고 나가면 방안의 어르신들이 한마디씩 한다. "우리 동네 복덩이가 들어온 겨. 언제나 변하지 않고 저렇게 한다는 게 쉽지 않지. 얼마나 예쁜지 몰라. 뭐라도 하나 더 챙겨 주고 싶고 젊은 사람이 이렇게 와 있다는 것만으로도 우리는 힘이 난다니까. 너무 고마운 겨."라며 고개를 끄덕이신다.

경자 씨는 지적 장애가 있는 사람이다. 선천적으로 장애가 있었지만, 부모님이 경자 씨를 집에만 가두어 두고 키운 것이 아니라 농사일도 같이하고 시장에 갈 때도 꼭 데리고 다니고 애지중지 사람들 속에서도 살 수 있도록 아끼면서도 되도록 사회성도 길러주려고 많이 노력하셨다고 한다.

오빠만 셋 있는 집 고명딸로서 예쁨을 참 많이 받고 자랐음을 수업시간마다 느낄 수 있다. 사람들에 대한 경계가 많지 않고 무엇이든 긍정적으로 보는 참 밝은 사람이기 때문이다. 그런 경자 씨이지만 결혼할 나이가 돼도 중매가 들어오는 곳이 없었다고 한다.

부모님은 연로하시고 고명딸 결혼은 시키고 죽어야겠기에 고민하는 나날이 이어졌다고 하신다. 그러다 뒷집에 사는 과수원 댁이 나이는 있지만 착실하고 어머님이랑 동생들 뒷바라지하느라 결혼이 늦은 아주 착한 청년이 있는데 한번 맞선을 보겠느냐고 선이 들어왔단다. 경자 씨 부모님은 나이가 12살 띠동갑이니 걱정은 되지만 사람이 착하다면 한번 만나 볼 수 있지 않겠느냐고 하고 경자 씨를 설득했다고 한다.

선보는 날 다방에서 경자 씨 부모님과 남편과 시어머니가 나오셨는데 쌍화차를 앞에 시켜놓고 경자 씨가 두리번거리며 다방을 구경하고 있는데, 나중에 남편분 말로는 그런 경자 씨 모습이 너무 예뻤었다고 한다.

시어머니도 경자 씨를 보는 순간 '우리 집 사람이다.'라고 생각하셨단다. 시댁에서 서둘러 만 난 지 3개월 만에 경자 씨는 부모님을 떠나 시집을 왔단다. 자란 곳도 시골이니 시댁에서의 생활도 낯설지 않고 잘 적응해 나갔다고 한다. 남편은 경자 씨를 아내이자 딸처럼 살뜰히 돌보는 모습에 동네 사람들이 한결같이 다 혀를 내두를 정도였단다.

시어머니는 막내딸 하나 생겼다고 경자 씨가 일을 잘 못 하면 못하는 대로, 예쁘고 잘하면 잘하는 대로 기특하고 뭘 해도 예쁘게만 보였다고 한다. 그러다 시집온 지 3년 만에 시어머니가 갑자기 돌아가시고, 경자 씨는 의지하던 시어머니의 죽음이 우울증을 불러올 정도로 힘들어했다고 한다. 남편이 경자 씨를 두 눈 부릅뜨고 지켰다고 한다. 정말 사랑을 많이 받고 살아온 경자 씨

나는 삶을 강의합니다

이다. 지금도 동네 경로당에 매일 밥을 해주러 온다.

빨간 앞치마를 두르고 어르신들 밥을 해주는 동안은 돌아가신 시어머니 대접하듯 진심으로 음식을 만드는 모습에 동네 어르신들도 감동하신 것이다. 처음에는 '몇 번 하다 말겠지, 힘들면 안 하겠지.'라고 생각했었는데 어느덧 1년 반이 되었다고 한다.

항상 꾸준한 마음으로 한결같이 어르신들을 섬기는 경자 씨가 이제는 동네 모든 어르신의 딸이요 며느리가 된 것이다. 아이를 낳지 않아도 된다는 남편의 말에 남편을 업고 동네를 한 바퀴 돌았다는 일화는 동네에서도 유명하단다. 내가 수업 가는 날이면 경자 씨는 한껏 들떠 있다고 한다. 재밌는 선생님이 오신다고 귀여운 선생님이 오신다고 싱글벙글한단다. 수업시간에 어르신들 중간에 앉아 같이 수업을 받는다. 어르신들이 경자 씨를 가르쳐 주는 것이다. 손녀딸처럼 딸처럼 며느리처럼 친구처럼 어르신들과 어울려 수업을 받는다.

하루는 콜라주 수업을 했다. 잡지 책, 홈쇼핑 책 등을 가져다 놓고 머메이드 종이와 가위, 풀을 나누어주고 나만을 위한 외출을 주제로 콜라주를 완성하라고 했다.

어떤 어르신은 동네 슈퍼를 옮겨다 놓은 듯 김치서부터 소파, 침대까지 무조건 모양만 되면 오려서 붙이는 분이 계셨고, 다른 어르신은 귀금속에 한이 맺히셨는지 반지, 귀걸이, 목걸이, 발찌, 팔찌 등 보석만 오려 붙이는 분도 계셨고, 여자들 속옷과 남자 속옷. 그리고 커플 잠옷만 오려 붙이는 어르신도 계셨다.

경자 씨는 분홍색 원피스를 입고 하트 머리띠를 오려 붙이고 사람도 아주 예쁜 여성 모델을 붙였다. 손에는 다이아몬드 반지를 끼고 구두는 10cm 정도 되는 높은 힐의 구두를 오려 붙이고 예쁜 커피잔이 놓여 있는 탁자도 오려 붙이고 집도 근사한 별장 같은 집을 오려 붙였다.

발랄하고 유쾌한 콜라주가 완성된 것이다. 왜 이렇게 화려한 경자 씨를 꾸몄느냐고 하니까 텔레비전에서 나오는 탤런트들은 다 예쁘고 날씬하고 잘 사는 집에서 사는데 연속극 볼 때마다 저렇게 살아봤으면 좋겠다고 생각했단다.

그럼 지금 남편하고의 생활이 아주 힘드냐고 물으니 아니란다. 너무 재밌고 신랑이 너무 잘해준다고 한다. 지금이 행복이라고 하지만 그래도 꾸미고 싶은 마음은 있지 않겠느냐고 한다. 맞는 말이다. 모든 사람이 다 바보 같다고 손가락질할지라도 자신이 행복하면 얼마나 행복한 삶을 살 수 있는지를 단적으로 보여주는 사례다.

우리는 사람들을 있는 그대로가 아닌, 선입견을 품고 미리 계산해서 보게 된다. 그 시각 안에 가두는 것이다. 그것이 얼마나 부질없는 짓인지 보여 준다. 내가 정말로 행복하다면 주위의 모든 사람이 그 행복을 느끼고 덩달아 행복해지지 않을까?

세상에 내 삶을
소리 치다

죽을 만큼 힘든 시간 속에서도 배움의 끈을 놓지 않고 정진했다. 배울 것이 있으면 거리, 시간 따지지 않고 잠을 줄이며 죽을 듯 쫓아다니며 배웠다. 그것만이 내가 힘든 고통에서 벗어나는 길이라 생각했기 때문이다. 한 강좌를 들으면 기본 2~3번을 반복해서 듣는다. 한번 들을 땐 처음 접하는 것이니 교수님 하시는 말씀이 무엇인지 이해하는 데 급급하기 때문이다.

두 번 들으면 '아~ 이런 내용이구나.' 하는 것들이 귀에 들어오기 시작한다. 세 번째 들으면 '저 대목에서 교수님이 저런 제스처를 하셨지. 저런 말씀을 하셨지.'라는 것들이 점차 들어오기 시작한다.

주위 사람들한테 한 번 배우면 되지 뭘 또 아는 걸 자꾸 배우느냐고 타박도 많이 받았다. 돈 쓸데가 그렇게 없냐고. 시간이 그렇게 한가하냐고. 하지만 나의 강점은 다른 사람이 뭐라고 하든지 내가 옳다고 생각되면 앞만 보고 무소의 뿔처럼 꾸준히 나아가는 것이 강점이다.

몇몇 강좌들을 반복해서 듣고 웃음 치료사를 들을 때이다. 첫 번째 수강 때는 교수님이 무슨 말씀만 하셔도 너무 재미있어서

빵빵 터지며 웃다가 집에 오면 도대체 배우긴 했는데 기억이 나지 않았다. 재수생 때는 교수님이 질문하면 아~ 하고 첫 번째 수강할 때 깔깔깔 웃으며 들었던 수업이 생각나며 기억에 남기 시작했다.

친구들을 만나면 파트너 게임도 한 번씩 해보는 실력이 돼가는 것 같았다. 그리고 삼수생이 되었을 때는 교수님의 비언어적인 부분들이 들어오기 시작했다. 학생들이 엉뚱한 이야기를 해도 무안하지 않게 부드럽게 넘기는 애드립도 배우고, 교수님의 웃음 치료 스킬도 배우게 되었다.

교수님은 다음 학기에 다시 와서 반복수강을 해도 괜찮다는 말씀을 하셨기 때문에 가능했던 일이다. 삼수생이 되었을 때는 수강생들이 하는 행동들이 들어왔다.

'그래 나도 처음 배우러 왔을 때 저렇게 많이 웃었지. 교수님이 저런 질문을 하면 대답할 생각에 가슴이 두근 두근거렸지.' 하는 생각들이 들었다.

수업을 시작하면 교수님은 돌아가면서 일주일을 어떻게 지냈는지 꼭 질문하셨다. 모르는 사람들끼리 와 앉았는데 나의 사생활을 노출한다는 게 꺼려지는 부분도 있었다. 그래서 처음에는 '그냥 잘 지냈어요.' 하던 사람들이 시간이 지나면 지날수록 점점 더 구체적으로 발표하기 시작한다.

자신이 주말에 놀러 갔던 것. 직장에서 화났었는데 웃음 치료 수업 올 생각에 그냥 웃고 넘겼던 일. 아이가 속상하게 해서 많이 힘들었던 일 등등. 사람들은 자신의 속을 하나둘씩 꺼내 놓으니 이야기는 한결 부드러워지고 처음 만났던 때와 달리 보이는 사람도 많고, 인상하고는 다르게 너무 착하다는 느낌의 사람도,

보기와는 달리 깐깐한 사람도 있다.

옛날 말에 겪어봐야 안다는 말이 그냥 있는 게 아니다. 암에 걸려 정말 병원에서 항암치료가 너무 힘들어서 웃기라도 해야겠다고 온 사람도 있었다. 12주가 끝나갈 무렵 꾸준히 참석했던 수강생들은 무엇이 변해도 변해있다. 표정이 넉넉한 웃음이 변해가는 과정을 지켜보는 것도 큰 공부가 되었다.

교수님처럼 저렇게 사람을 변화시킬 수 있는, 사람을 살릴 수 있는 강사가 되어야겠다고 생각하게 된 계기를 마련해준 시간이었다. 교수님은 항상 말씀하신다. 교수님이 웃음 치료 수업을 12년 하면서 삼수생은 처음 봤다고 하신다. 재수생들은 몇 번 봤어도 삼수생은 처음이라고. 그만큼 나에게는 현재의 죽을 만큼 힘든 생활에서 벗어나고픈 생각이 간절했는지도 모른다. 열심히 역량을 키워야 내 인생을 살 수 있다는 생각이 나를 온통 지배할 때였다. 나를 사점에서 구해준 분이 웃음 치료 장은주 교수님이시다.

웃기에 행복했고 웃기에 나의 힘든 상황을 잊을 수 있었고, 웃기에 나의 삶을 긍정적으로 볼 수 있는 눈을 길러줬기 때문이다. 내 마음의 웃음에 씨앗을 넣어주신 분이기에 지금도 꾸준히 연락하고 소중한 인연을 계속 이어 나갈 수 있는 좋은 관계가 형성되었다. 또한, 그 시간을 같이한 우리 와와채움 교육센터 팀원 선생님들한테도 너무 감사드린다. 나 혼자였다면 여기까지 올 수 있었을까? 어림 반 푼도 없는 이야기다. 정 원하면 오긴 오겠지만 지금보다 수십 배, 아니 수만 배는 힘들었을 것이다. 혼자 가면 빨리 갈 수 있지만, 같이 가면 멀리 간다는 말이 정말 맞는 말이다.

나 혼자만의 노력이 아닌 옆에서 같이 도와주고 동행해 주는 사람들 덕분에 나는 이제 강사의 자리에 왔다. 강사가 되어보니 그동안 노력하면서 공부하고 연구했던 모든 것들은 시작에 불과하다는 것을 느낀다. 삶은 우리가 생각한 대로 그대로 흘러가지 않기 때문이다. 강의도 마찬가지다. 청강자를 우리는 알 수 없다.

대략 일반적인 것만 강사가 확인할 수 있을 뿐이다, 예를 들면 연령대, 지역, 어떤 목적으로 모인 사람들인지 정도만 알 수 있지, 청강자 한 사람 한 사람의 마음을 알 수 없다. 강사가 완벽하리만큼 강박적으로 준비해야 하는 까닭이다.

환경도 마찬가지이다. 매주 가던 강의장도 USB만 가져가서 강의장에 있던 노트북과 빔으로 PPT 수업을 하던 곳인데 갑자기 빔이 고장 나서 PPT 수업을 할 수 없는 상황이 발생하기도 한다.

그럴 때 강사는 처음부터 PPT 수업이 아니고 그냥 말로 하는 강의인 것처럼 부드럽게 넘어가야 한다. 그곳에서 PPT가 안 되어서 어떻게 하느냐는 둥, 걱정스러운 표정을 짓는다면 청강자도 '이 강의가 제대로 이루어질 수 있을까?' 하는 불안감에 같이 어수선하게 되기 때문이다.

강사는 어떤 상황에서도 당황하지 말고 당황하더라도 티 내지 말고 모두를 안정되게 강사의 페이스대로 이끌어 강의하면 되는 것이다. 내가 하려고 하는 강의 이외에도 항상 더 많이 준비해야 어떤 상황에서도 불안하지 않고 잘 넘길 수 있다.

이제 나는 내 삶을 세상에 강의하고자 한다. 지금의 내가 얼마나 행복을 위해서 노력하고 비웠는지. 지금의 내가 얼마나 잘 버티려 매일 매일 힘을 내고 있는지. 지금의 내가 얼마나 잘하고 있다고 스스로 칭찬해주고 있는지를 이야기하고 싶다. 조금 전 손님이 들어왔다. 소개로 왔다는 말과 함께 자리에 앉는다. 상담

나는 삶을 강의합니다

을 받으러 온 게 아니라 그냥 이야기가 하고 싶어서 왔다고 한다. 이 글을 쓰기 직전의 일이다.

무슨 말이 하고 싶은지 듣기 전에 따뜻한 허브차 한 잔을 타서 앞에다 놓아주며 표정을 살펴본다. 너무 힘들어 보이는 표정이다.

"오늘 날씨 너무 좋죠? 충주댐에서 오늘 벚꽃 축제한다는데 알고 계세요?"라고 물으니 의외의 질문에 나를 멀뚱히 쳐다본다.

"오늘 날씨가 좋아서 저도 글 쓰는 거 중지하고 충주댐 벚꽃 축제 가볼까 생각하고 있었거든요."라고 하자 "네."라고 짧게 답한다.

"충주댐 가본 적 있어요?"

"당연히 가봤죠" "언제요?" "애인하고요. 지금은 헤어졌지만"

"그래요? 애인이랑 언제 헤어졌는데요?"

"두 달 정도 됐어요. 헤어진 게 아니라 그년이 배신했어요. 말한 것도 다 거짓말이고. 그래서 이제는 제가 죽고 싶어요. 나 자신이 병신 같고 모자라는 천치 같아 보여요."

"어? 보기에 엄청 잘 생기시고 멋있는 분인데 자신이 바보 같아요?"

"네, 제가 바보처럼 느껴져요. 여자가 말하는 건 뭐든지 다 믿었거든요. 그게 거짓말이라고는 상상도 못 했어요. 의심도 안 해봤고요. 그냥 죽고 싶어요."

"죽고 싶은데 왜 저를 찾아왔어요? 죽으러 가셔야지 왜 저한테 왔어요?"

"그래도 죽기 전에 선생님과 이야기를 나누고 싶어서요. 제 지인이 선생님과 이야기를 나누고 났더니 심각하던 문제가 별거 아닌 것처럼 느껴졌다고 선생님과 이야기를 한번 나누어보라고 소개해 주었어요."라고 한다.

"무슨 이야기를 하면 좋을까요?"

"전 그냥 지금 제 마음을 어떻게 할 수가 없어요. 그 여자를 죽이고도 싶고 나도 죽고 싶고 그래요."

"그 여자를 죽이면 어떻게 될까요?"

"감옥 가겠죠. 청춘을 거기서 다 보내겠죠."

"그렇겠죠. 배신한 여자 한 명 죽이고 그러기엔 앞에 계시는 분이 너무 아깝지 않나요? 사람 죽이는 게 또 보통 어렵지 않겠죠? 저는 벌레 죽이는 것도 힘들던데. 사람 죽이는 게 쉬울까요?"

"아뇨. 겁도 나고 어렵겠죠."

"어려운 일을 왜 하려고 하세요?"

"너무 화가 나서요. 그냥 뭐라도 해서 속에 있는 불을 꺼내 놓고 싶어요."

"그러시겠죠. 저 같아도 당연히 그럴 것 같아요. 애인 말고 뭐 할 때 재밌었어요?"

"친구들이랑 술 한잔할 때요. 그런데 이제 친구들 만나는 것도 부담스러워요. 나보고 바보 같다고 손가락질할 것 같아서요."

"친구들이랑 술 먹어 본 거 아니고 혼자 지레짐작하는 거잖아요."

"네."

"본인이 친구들 사이에 굉장히 잘났다고 생각하세요?"

"아뇨. 그냥 평범해요."

"그런데 왜 그렇게 착각을 하세요? 친구들은 앞에 계신 OOO 씨가 애인한테 배신당한 걸 안쓰러워하겠지만 그 사람들도 먹고 살기 바빠서 이틀이면 잊어버려요. 탤런트도 아니고 유명인사도 아닌데 사람들이 그렇게 오래 기억해 줄 거로 착각하지 마세요."

"그런가요?"

"그럼요. 우선 OOO 씨가 친구가 애인한테 배신당하면 그렇게 욕하고 흉보실 건가요?"

"아니요."

"남들도 똑같아요. 죽고 사는 게 아니면 사람들은 당신한테 그렇게 관심 없어요. 죽고 사는 것도 당사자에 한해서 관심 있는 거지 남들은 별 관심 없어요."

"그런가요?"

"그럼요. 지금 죽을 것처럼 힘들죠? 그 힘든 것이 OOO 씨가 살아가는 데 꼭 필요한 것이었음을 시간이 지나면 알게 되죠. 지금은 무슨 말을 해도 귀에 들리지도 않고 들어오지도 않아요. 나도 그랬어요. 매일 매일 눈 뜨지 않고 죽는 게 소원이었던 적도 있었죠. 그런데 그거 아세요? 지금은 그 시간이 있었기에 제가 남들보다 잠을 줄이며 죽기 살기로 공부하고 노력하고 이렇게 강사로서 또 상담자로서 제 앞가림을 충분히 할 수 있는 에너지가 되었다는 걸요.

저는 지금은 그 시간이 너무 감사해요. 탄탄대로였다면 저는 아마도 사람들의 깊이 있는 마음을 알지 못하고 수박 겉핥기식으로 강의도 하고 삶도 그렇게 살고 있겠죠. 하지만 지금은 그렇지 않아요. 사람들의 이야기가 내 이야기가 되고 내 이야기가 사람들의 이야기가 되기 때문에 저는 세상에 내 삶을 소리쳐서 말할 수 있어요. OOO 씨도 지금 많이 힘드시겠지만, 이것도 내 인생의 일부라도 생각하고 떠난 여자는 어디서 잘 먹고 잘살면 그여자 복인 거죠. 떠나간 것에 집착하고 억울하지 마세요. 그 시간에 OOO 씨 자신을 좀 더 보듬어 주세요. 운동도 열심히 하세요. 우리는 건강한 정신에 건강한 육체가 온다고 해요. 틀린 말은 아니지만 건강한 몸에서 건강한 정신을 갖는 게 훨씬 수월하다는 걸 알게 될 것이에요."라고 하니 고개를 끄떡인다.

"세상은 만만하지 않기에 살만하고 세상은 넉넉하지 않기에 내가 넉넉해야 하는 이유이고, 세상은 나를 반기지 않지만 내가 반겨야 하는 곳이기도 해요.

너무 비관적인 생각보다 성공도 실패도 내 삶의 한 부분으로 받아들이고 마음의 근육을 단단히 하는 심력을 키우는 게 좋을 것 같아요. 지금도 죽고 싶다면 심각하게 생각해서 죽는 것도 생각해보고요."라고 하니 씩 웃는다.

"선생님 죽으면 나만 억울할 것 같아요. 열심히 다시 살아봐야겠네요. 또 죽고 싶다는 내가 바보 같다는 생각이 들면 선생님 다시 찾아올게요."라고 하고 일어선다.

그렇다. 우리는 살아가는데 내가 경험한 것만큼만 보게 되고 말하게 된다. 그렇지 않기 위해 배움도 계속되어야 하고 책도 많이 읽어야 하며 새로운 호기심에 자꾸 도전해 보아야 한다.

나는 오늘도 내 삶을 세상에 외쳐 본다. 지금도 충분히 잘하고 있다고. 잘할 거라고……

07
그래서
행복합니다

집 앞 화단에 핀 보라색 잔꽃들을 보는 것만으로도 봄의 향기를 맡을 수 있어 행복하다. 행복은 내 앞에, 내 발 앞에, 내 눈앞에 있는 것이라는 걸 아는 데 참 오래 걸렸다. 항상 내가 갖지 못한 것을 바라보며 부러워하고 나의 초라한 형상만 눈에 담으니 행복이라는 단어 자체를 몰랐다. 행복하다가 아니라 '불행하지 않아.'라는 표현을 썼었다. 불행하지 않은 것과 행복하다는 것은 하늘과 땅 천지간의 차이임에도 그때는 그 말뜻을 몰랐다.

아침에 눈을 뜨면 내가 살아 있음이 감사하다. 살아 있다는 건 내가 무엇이든지 할 수 있다는 기회가 생기는 것이요, 내가 할 수 있다는 자신감이 생기는 시간이기 때문이다. 볼 수 있음이 감사하고, 먹을 수 있음이 감사하고, 편안히 잠 잘 수 있음이 감사하고, …… 보는 관점을 바꾸니 뭐든지 감사함으로 다가온다. 아마도 지금의 이 감사함이 있기까지 얼마나 많은 시간과 아픔이 배어 있는지 생각하면 그것 또한 나에게 필요한 것이었음을 감사하게 된다.

사람들은 인생을 살아갈 때 힘든 일이 있으면 왜 나만 이렇게 힘드냐고 원망하고 주저앉아 포기하는 게 일반적인 모습이다. 살아가면서 어찌 좋은 일만 있겠는가? 하지만 좋지 않은 일도, 힘든 일도 나의 인생에 꼭 필요한 것이기에 나한테 왔다고 받아들이면 나는 행복으로 변화된다.

어릴 적 5남매의 늦둥이로, 부자는 아니어도 아버지의 사랑을 독점하고 커온 나로서는 세상에 무서울 것이 없고 아쉬울 것도 없는 무데뽀였었다. 그런 내가 학교에 들어가면서 내 맘대로 되지 않는 일이 있다는 것에 화도 내 봤지만 바뀌는 게 없어 결국은 세상을 살아가는 참는 법도 배우게 되고, 또 사회에 나와서는 언니네 터미널 가게에서 수많은 사람을 대하면서 좋은 게 좋은 거라는 공식도 알아갔다.

세상에는 참 여러 종류의 사람들이 존재한다. 어떤 사람은 화내면서 따져야 자신이 잘난 줄 안다. 꼭 싸워야 하고 이겨야 직성이 풀리는 손님들도 많았다. 어릴 적부터 엄마는 말씀하셨다.

고개를 숙이는 사람한테는 그 누구도 이길 사람이 없다고, 고개를 숙이면 당장은 지는 것 같지만 결과적으로 보면 숙인 사람이 이기는 것이니까 웬만하면 고개를 숙이고 살아가라고 하셨다. 그것이 터미널 내의 가게에서 그렇게 유용하게 쓰일 줄을 몰랐다.

지금이야 자가용이 워낙 많지만, 내가 언니네 슈퍼에서 일했던 시절, 명절이 되면 수원 하행선 터미널에서 수원역까지 귀성객 줄이 며칠이고 이어졌다. 사람멀미가 난다는 말이 실감 났다. 난 그곳에서 세상을 어떻게 살아야 하는지, 눈치를 왜 봐야 하는지, 사람들과 어떻게 하면 큰소리 나지 않는지를 배웠다. 세상을 배운 곳이라고 해도 무방하다.

그 가운데서 내가 제일 부러웠던 사람이 있다. 매일 엄마의 밥을 먹고 대학교에 다니는 대학생들이었다. 그 당시 친구들 사이에 내가 서울에 있는 대학에 붙어서 대학을 다닌다는 헛소문이 나 있던 때였다.

친구들이 생각할 때 나는 분명히 대학을 갔을 것으로 생각했던 것 같다. 그 당시 아버지는 나를 다방으로 불러내 계란 노른자 동동 띄운 쌍화차 한 잔을 놓고 '아기가 대학을 간다면 보내줄게.'라며 힘없이 어깨를 늘어뜨리시는 모습에 내 고집만 부릴 수 없었다.

막내 오빠 대학 보내고 나는 나중에 방송통신대학이라도 가면 된다고 위로 아닌 위로를 건넨 것이 병이 되어 난 터미널 슈퍼에서 일하는 내내 대학생들을 볼 때마다 속병을 앓아야 했다.

매년 3월이 되면 '신입생 환영회다 OT다.' 하는 모임으로 술이 떡이 되어 길바닥에 늘어져 있는 모습도 부러웠다. 어찌 보면 내가 가지 않은 길이기에 더욱 부러움이 증폭된 건지도 모른다.

몇 년 후 친구가 여군학교 졸업 후 양구라는 강원도 먼 곳으로 소위 발령 났을 때 처음 살림나는 친구를 따라가서, 아무도 모르는 곳에서 친구랑 둘이 청하라는 술 15병과 통닭을 한 마리 사서 관사에서 밤새워 마셨던 기억이 있다. 난 3일을 네발로 기어 다니며 이제 죽어도 술을 마시지 않으리라 결심했는데, 이튿날 아침 새벽 6시 친구는 일어나 군복을 다리미로 다리고 있었다. 군인 정신이 저렇게 무섭구나 싶었다. 그 친구는 잠이 참 많은 친구였는데 군인이라는 자리가 정신력을 저렇게 만드는구나 싶었다.

그렇게 부러웠던 건 어떻게든 해보고, 가져보고, 놀러 가보고, 하는 자유로운 영혼에 가까운 결혼 전 생활이 이어졌다.

한번은 울릉도를 간다고 할 때 엄마의 소원은 내가 선을 보는 것이었다.

난 선을 보고 울릉도 놀러 갔다 왔더니 약혼식 날짜도 결혼 날짜도 잡혀있었다. 그때는 왜 그런지 따져보지도 않고 물 흐르듯 갔으나 하나씩 삐걱거리는 소리가 들리면서 주위를 둘러보게 되었다.

'아, 엄마가 처음에는 결혼을 찬성했지만 이런 문제들로 반대 했었구나.' 하는 것들이 결혼생활을 하다 보니 보이기 시작했다. 그렇다고 이혼을 할 수도 없는 상황이다. 왜냐하면, 결혼을 식음을 전폐하며 반대하는 엄마를 뿌리치고 했기 때문이다.

참 많이 힘든 시간이었다. 그 시간이 죽기보다 살기보다 너무 싫었던 순간이었다. 하지만 지금 생각하면 나에게 다 필요했던 시간이라고 생각된다. 행복은 그냥 내 곁에 오지 않는다. 행복의 참뜻을 알기까지의 아픔과 고통과 고난의 시간이 주어졌을 때 우리가 더욱더 선명한 행복감을 느낄 수 있기 때문이다.

인생은 포기만 하지 않는다면 언젠가는 내가 원하는 언덕에 오를 수 있다. 시간이 오래 걸리고 늦어지고의 차이지 오르지 못 하는 것은 없다. 한꺼번에 다 오르려는 욕심만 버린다면 우리는 오를 수 있다.

나 또한 그렇다. 힘든 시간 속에서도 나를 먼저 보듬고 나를 먼저 들여다보는 성찰의 시간을 가질 때 나를 올바로 세울 수 있는 초석의 돌멩이 하나를 건져 올릴 수 있었다. 그 작은 돌멩이 하나가 이제는 배움의 씨앗을 심어, 하나둘씩 열매를 맺을 때 나에게 오는 행복의 부피는 훨씬 크게 느껴진다. 10여 년의 시간이 짧은 시간은 아니다.

나는 삶을 강의합니다

천안으로 저녁 7시부터 10시까지 공부를 하러 다닐 때 토론을 하다 보면 항상 시간은 30분에서 1시간을 초과할 때가 허다하다. 끝나고 부랴부랴 충주에 도착하면 새벽 한 시가 넘는다. 그럼 식구들은 거실에 불을 켜놓고 거실 탁자 위에 과일이라도 씻어서 올려놓고 자고 있다.

우리 집 강아지 애니만이 꼬리를 흔들며 나를 반기지만, 거실 탁자 위에 있는 과일이 가족이라 느끼면 그 또한 내가 힘들 때 의지할 수 있는 에너지가 되었다. 집에 와서 그날 공부한 내용을 노트에 정리하다 보면 새벽 4~5시가 된다. 잠깐 눈 붙이고 다시 엄마의 자리로 돌아와 아이들 학교에 보낼 준비하고 남편이랑 하는 가게에 내려가서 일하면서 틈틈이 공부했다.

그렇게 버틴 10여 년의 세월. 어디 천안뿐이겠는가? 서울로 일주일에 2~3번은 기본이요. 수원이며 의정부며 부산이며 어디든 나에게 필요한 공부가 있으면 열심히 달려가 배웠다. 참 열심히 배우고 익히며 내 역량을 키우며 보낸 행복한 시간이다.

물론 배우는 것은 지금도 진행 중이다. 사람이 어떻게 배우지 않고 노력하지 않고 살 수 있을까? 배우는 것 자체가 감사고 행복인 것을…….

50이 넘은 나이에 대학공부를 하고 이제 졸업을 앞두고 있다. 다른 사람에게는 30여 년 전에 끝났을 학업이지만 나는 지금이라도 이렇게 내가 원하는 상담 공부를 할 수 있음에 행복하다.

아무리 늦게까지 공부를 해도 잔소리 없이 늘 그 자리에서 지켜봐 주는 남편이 고맙고, 항상 엄마가 최고라며 엄지 척을 해주는 내 아이들이 감사하다. 어른들이 공부는 때가 있다고 하지만 내가 해보니 공부는 꼭 필요할 때 하는 것도 좋은 방법이라고 생각한다. 공부하는 즉시 써먹을 수 있기 때문이다.

나는 내 아이들한테도 말한다. 공부하기 싫으면 잘 선택해서 하고 싶을 때 하라고, 남들이 한다고 다 똑같이 하면 최상으로 산다고 해도 남들과 똑같이 사는 인생이 될 것이라고.

하지만 네가 원하는 시기에 네 판단에 따라 공부를 한다면 아마도 후회를 최소화하는 인생을 살지 않겠느냐고, 너무 공부에 매달리지 말고 하고 싶은 것을 일단 하고, 공부는 하고 싶을 때 하라고 말한다.

그러면 아이들은 말한다. "엄마, 너무 우리를 방임하는 거 아니세요? 공부를 열심히 하라고 해야지 남한테 피해 안 주고 나쁜 일 아니면 뭐든지 하고 싶은 대로 하라고 말씀하시는 건 조금 무책임한 것 같아요."

내 생각은 그렇다. 부모 밑에 있을 때 하고 싶은 것은 하고 후회 없이 살아야지 나중에 자신이 돈 벌고 경제활동을 하면 더 하고 싶은 것을 마음대로 못하기 때문에 후회하는 폭이 넓어져서 그러는 거라고, 엄마가 살아보니 그렇더라고.

그러니 아빠, 엄마의 경제력 안에서 하고 싶은 게 있으면 맘 놓고 해보라고 권하는 거라고. 딸아이는 말한다. "엄마, 내가 학교 가서 보니까 우리 부모님은 정말 좋은 분들이야. 우리는 잔소리 많이 안 하지, 일단 우리 판단에 맡기니까 책임감이 더 커지는 거 같아요."라고.

난 아이들한테 하는 잔소리는 두 가지가 있다. 한 가지는 끼니 챙겨 먹기, 두 번째는 아프면 바로 약을 먹거나 병원 가기다.

두 가지 말고는 이제껏 잔소리한 기억이 별로 없다. 사람이 정말로 죽고 사는 거 말고는 뭐가 그리 중요하랴. 다른 사람들은

나는 삶을 강의합니다

말한다. 행복한 잔소리라고. 이제 나는 다음 학기 대학원을 고민하고 있다. 이런 행복한 고민을 하리라 내가 생각하면서 살았겠는가? 아니다.

나는 항상 내 앞에 놓인 고민과 걱정만으로도 하루하루가 벅차고 버거웠던 사람이다. 하지만 이제는 난 그 누구에게도 자신 있게 이야기할 수 있다. 숨 쉬는 것조차, 웃는 것조차, 강의하는 것조차 나에게는 모두 행복의 물결이라고 말이다. 행복은 다른 사람이 주는 것이 아니라 내가 하늘 한번 바라보고 씩 한번 웃는 것도 행복이고, 행복은 내가 만드는 인생의 선물이라고 말하고 싶다.

마치는 글

몇 달 동안의 글쓰기를 통해 나를 다시 한번 돌아보는 시간이었다. 나라는 사람이 나를 들여다보는 성찰의 시간이었다. '아~ 내가 그때는 그런 생각으로 그런 마음으로 많이 힘이 들었었구나.'라는 생각에 나를 보듬어 주기도 했다, 친구들과의 즐거운 추억에는 미소를 짓기도 하고, 아이들을 키우며 행복한 순간에는 큰 웃음 짓기도 했다.

강의를 갔을 때 욕쟁이 할머니의 푸짐한 정겨운 욕조차도 추억으로 옮겨놓으며 행복한 시간을 보냈다. 때로는 글 쓰는 것이 너무 힘들어 포기하고 싶다가도 '나처럼 이렇게 정말 죽고 싶을 정도의 생활에 지친 사람들과 나의 경험을 나눈다면 조금은 도움이 되지 않을까?'라는 생각에 꾸준히 써서 마무리할 수 있었다.

살면서 처음 쓴 책이지만 온전히 내 삶의 흔적이기에 더욱더 애착이 간다. 이제 이 글로 인해 나는 더욱더 책임감을 느끼고 열심히 살 것이고, 또 한 사람이라도 누군가가 이 책이 도움이 된다면 그것으로 나는 만족한다. 결혼생활이 쉽지는 않지만, 참는 시간을 갖는다면, 조금 더 현명한 방법으로 자신을 찾아서 관점을 바꾼다면 분명히 행복의 언덕에 다 다를 수 있을 것이다.

인도에는 '데카페라'라는 독사가 있다고 한다. 그런데 이 독사에게 물렸을 때 해독제가 있었는데 그것은 데카페라 독사가 앉았던 풀을 뜯어 바르면 낫는다고 한다. 이렇게 독과 해독약은 가까이 있다. 우리 인생도 마찬가지다. 내가 지금 너무 힘들다면 희망이 분명 존재하고, 너무 문제가 많다면 해답이 어딘가에 반드시 존재한다.

나의 상황을 절망으로 단정 짓지 말고 성공에 가까워졌다고 나 자신을 일으켜 세울 일이다. 우리는 절망도 성공도 본인의 인생 관점에 따라 달라진다. 어떤 쪽으로 생각하고 행동으로 옮길 것인가는 본인의 선택이기 때문이다.

나의 이런 힘든 시간이 다 나에게 필요해서 왔듯, 이 책을 읽는 독자분들도 지금 당장 어려움의 상황이 있다면 그것 또한 여러분 인생에 꼭 필요한 한 부분임을 깨달아 잘 버티고 이겨 나아가기를 바란다.

나도 제2의 인생에서 다시 신발 끈을 매고 내 행복을 찾아 여행을 떠날 채비를 한다. 엄마로서, 아내로서, 강사로서 기타 나의 자리에 맞는 내 역할에 최선을 다하며 다시 배움의 즐거움을 나눌 것이다.

함께 동행했기에 멀리, 오래 갈 수 있음을 느끼게 해준, 우리 와와채움 교육센터 부수선 강사님, 최선희 강사님, 허순재 강사님께 이 글을 바친다. 이 글을 읽는 모든 분에게 희망과 행복이 가득하길 소망한다.

최형숙

충북 충주 출생
충주여자고등학교 졸업
서울디지털대학교 상담심리학과 졸업

현) 와와채움교육센터 대표
　　충주봉숭아학당 힐링웃음교실 학장
　　와와행복웃음봉사단 대표
　　향토음식문화연구소 대표
　　충주시 보건소 인지재활강사
　　정신건강복지센터 생명존중강사
　　웰다잉 강사
　　펀리더십 강사
　　스피치 개인 코칭 지도사
　　기업체, 학교, 단체 특강 강사
전) 서원대학교 평생교육원
　　실버놀이코디네이터 교수

나는 삶을 강의합니다

초판인쇄   2019년 8월 27일
초판발행   2019년 8월 27일

지은이   최형숙
펴낸이   채종준
펴낸곳   한국학술정보㈜
주소   경기도 파주시 회동길 230(문발동)
전화   031) 908-3181(대표)
팩스   031) 908-3189
홈페이지   http://ebook.kstudy.com
전자우편   출판사업부   publish@kstudy.com
등록   제일산-115호(2000. 6. 19)

ISBN   979-89-268-9552-8 13040